STARK

TRAINING Grundwissen
HAUPTSCHULE

Marion von der Kammer

Deutsch 6. Klasse

STARK

Dieser Band ist nach den Regeln der Rechtschreibung, gültig ab 1.8.2006, abgefasst.
Ausgenommen sind Texte von Autoren, die mit der Umwandlung in die neue Schreibweise nicht einverstanden sind.

ISBN-13: 978-3-89449-778-1
ISBN-10: 3-89449-778-5

Inhalt

Autorin: Marion von der Kammer
Illustratorin: Friederike Großekettler

Vorwort

Liebe Schülerin, lieber Schüler,

mit diesem Buch kannst du den **Stoff der 6. Klasse trainieren** und wirst so fit in Deutsch. Das Buch besteht aus vier Teilen:

- In den Kapiteln erwarten dich **Texte** mit **Aufgaben** zu allen Bereichen des Deutschunterrichts wie Textverstehen, Grammatik, Rechtschreiben und Schreiben. **Erklärungen** und **Beispiele** helfen dir beim Üben.
- Anhand der **Lösungen** kannst du überprüfen, ob du erfolgreich gearbeitet hast. Sieh aber nicht gleich nach, sondern versuche erst, die Aufgabe selbstständig zu lösen!
- Nachdem du alle Aufgaben durchgearbeitet hast, kannst du mit dem **Test** dein Können in Deutsch unter Beweis stellen. Er bietet dir gleichzeitig einen Überblick darüber, welche Kapitel du noch vertiefen musst.
- Am Ende des Buches findest du die wichtigsten **Fachbegriffe.** Hier kannst du nachschlagen, wenn du etwas nicht verstehst.

Wenn du dieses Buch genau durcharbeitest, dann kann dir in Deutsch keiner mehr etwas vormachen!

Viel Spaß und Erfolg beim Üben wünscht dir

Marion v. d. Kammer

Marion von der Kammer

Texte und Aufgaben

Die Kapitel sind folgendermaßen aufgebaut:

- In den **Merkkästen** findest du das Wissen erläutert, das du zum Bearbeiten der Aufgaben brauchst.
- **Den Text verstehen:** Alle Kapitel beginnen mit einem **Text,** den du dir genau durchlesen solltest. Er enthält vielfältige Informationen, die du beim Bearbeiten der anschließenden Aufgaben für das **Textverstehen** brauchst.
- **Textsorten kennen:** In drei Kapiteln beschäftigst du dich mit einer bestimmten **Textsorte** und ihren Merkmalen.
- **Die Sprache untersuchen:** Je besser du mit den **Wortarten,** dem **Satzbau** oder den **Satzarten** zurechtkommst, desto besser gelingt es dir, dich sprachlich treffend auszudrücken. In jedem Kapitel findest du Aufgaben dazu.
- **Richtig schreiben:** Für die Beherrschung der deutschen Sprache braucht man außerdem Sicherheit in der **Rechtschreibung und Zeichensetzung.** Die Übungen helfen dir dabei, hier immer besser zu werden.
- **Sich schriftlich äußern:** Texte lesen und Texte schreiben gehören zusammen. So wirst du in nahezu allen Kapiteln dazu aufgefordert, **Texte** zu **verfassen,** und bekommst Tipps dazu.
- **Schwierigere Aufgaben** sind mit diesem Symbol gekennzeichnet. Wenn du sie lösen kannst, hast du in Deutsch schon große Fortschritte gemacht.

Kapitel 1: Die Kinder zu Hameln

Die Kinder zu Hameln

Im Jahr 1284 ließ sich zu Hameln ein wunderlicher Mann sehen, der einen Rock[1] aus buntem Tuch anhatte und sich für einen Rattenfänger ausgab. Er versprach, die Stadt von allen Mäusen und Ratten zu befreien; zum Dank dafür wollte er Geld haben. Die Bürger wurden mit ihm einig und versicherten ihm eine bestimmte Summe.

Der Rattenfänger zog danach ein Pfeifchen heraus und pfiff. Es dauerte nicht lange, da kamen die Ratten und Mäuse aus allen Häusern hervorgekrochen und sammelten sich um ihn herum. Als er nun meinte, es wäre keine einzige Ratte zurückgeblieben, ging er zur Stadt hinaus, und der ganze Haufen folgte ihm. So führte er sie zur Weser. Dort band er seine Kleider hoch und trat in den Fluss. Darauf folgten ihm alle Tiere in den Fluss und ertranken.

Als die Bürger aber von ihrer Plage befreit waren, reute es sie, dass sie dem Rattenfänger dafür einen Lohn versprochen hatten, und sie weigerten sich unter allerlei Vorwänden, ihm das Geld zu zahlen. So ging er zornig und erbittert fort.

Am 26. Juni morgens früh um sieben Uhr kam er aber noch einmal zurück. Diesmal war er wie ein Jäger gekleidet. Mit einem roten, wunderlichen Hut sah er furchterregend aus. Wieder ließ er seine Pfeife in den Gassen hören. Aber diesmal kamen nicht Ratten und Mäuse, sondern Kinder, Knaben und Mädchen, aus den Häusern gelaufen. Das jüngste Kind war erst drei Jahre alt, und das älteste war die schon erwachsene Tochter des Bürgermeisters. Der ganze Schwarm folgte dem Fremdling. Er führte sie hinaus zu einem Berg, worin er mit ihnen verschwand. Dies hatte ein Kindermädchen gesehen, das ihm mit einem Kind auf dem Arm von fern nachgezogen war, danach aber umkehrte und dann das Gerücht in die Stadt brachte.

Die Eltern liefen haufenweise vor alle Tore und suchten mit betrübtem Herzen ihre Kinder; die Mütter fingen an, ganz jämmerlich zu schreien und zu weinen. Sofort wurden Boten zu Wasser und zu Land an alle Orte geschickt, um zu erkunden, ob man nicht zumindest einige der Kinder gesehen hatte. Aber es war alles vergeblich. Im Ganzen waren hundertunddreißig Kinder verschwunden. Zwei sollen, wie einige sagen, sich verspätet haben und zurückgekommen sein: von denen war aber das eine blind, das andere stumm. Deshalb konnte

1 Gemeint ist hier eine Jacke.

das blinde Kind zwar erzählen, wie sie dem Spielmann gefolgt waren, aber es konnte den Ort nicht zeigen; das stumme konnte dagegen den Ort zeigen, aber es hatte nichts sagen können. Ein kleiner Junge war im Hemd mitgelaufen und lief noch einmal zurück, um seine Jacke zu holen; dadurch entging er dem Unglück. Als er zurückkam, waren die andern Kinder schon verschwunden.

Die Straße, durch die der Rattenfänger die Kinder zum Tor hinausgeführt hatte, hieß noch in der Mitte des 18. Jahrhunderts die „stille Straße", weil jeder, der hier entlangging, stillschweigen musste; dort durfte nicht musiziert und nicht gelacht und getanzt werden. Ja, sogar wenn eine Hochzeit gefeiert wurde und wenn die Braut mit Musik zur Kirche gebracht wurde, mussten die Spielleute stille sein, wenn sie durch diese Gasse kamen.

Der Berg bei Hameln, wo die Kinder verschwanden, heißt seitdem der „Puppenberg". Dort sind links und rechts zwei steinerne Kreuze aufgerichtet worden. Einige sagen, die Kinder wären in eine Höhle geführt worden und in Siebenbürgen[2] wieder herausgekommen. Man hat aber nie wieder etwas von ihnen gehört.

Die Bürger von Hameln haben die Begebenheit in ihr Stadtbuch eintragen lassen, und im Jahre 1572 ließ der Bürgermeister die Geschichte in den Kirchenfenstern abbilden.

2 Siebenbürgen: Gebiet im heutigen Rumänien

Textsorten kennen

Sagen

Die Geschichte „Die Kinder zu Hameln“ ist eine **Sage.** Sagen sind alte Erzählungen, die **mündlich weitererzählt wurden.** Viele Sagen stammen aus dem Mittelalter oder sind sogar noch älter (z. B. die Heldensagen aus dem antiken Griechenland).

Wie in Märchen kommt in vielen Sagen auch **Wundersames** vor, z. B. Heinzelmännchen, Zwerge, Hexen, Riesen oder Ungeheuer. Aber anders als in Märchen wird in Sagen der Eindruck erweckt, als ob das, wovon erzählt wird, tatsächlich genau so geschehen ist. Das merkt man beispielsweise daran, dass Orte genannt werden, die es wirklich gibt, z. B. Städte wie Köln, Magdeburg, Passau oder Hameln.

Viele Sagen erzählen davon, wie Menschen Fehler gemacht haben oder schuldig geworden sind; am Ende werden sie für ihr Fehlverhalten bestraft. Somit sprechen Sagen häufig eine Art **Mahnung** aus: Der Leser wird ermahnt, bestimmte schlechte Verhaltensweisen zu vermeiden.

Aufgabe 1 Welche genauen Angaben werden in der Sage gemacht?

a) Ort: ______________________________

b) Datum und Uhrzeit: ______________________________

____

____

Aufgabe 2 An drei Stellen wird in der Sage erwähnt, dass etwas mündlich weitererzählt wird. Beende die folgenden Satzanfänge:

a) Ein Kindermädchen bringt ______________________________

____

b) Einige sagen, zwei Kinder ______________________________

____

c) Einige sagen, die Kinder wären ______________________________

____

____

Den Text verstehen

Aufgabe 3 Wie ist der Rattenfänger gekleidet? Male die Bilder farbig aus.

Bei seinem ersten Besuch

Bei seinem zweiten Besuch

Aufgabe 4 Welches Angebot macht der Rattenfänger den Bürgern von Hameln? Fülle die Lücken aus.

Er verspricht ihnen, dass er ______________________________

____________________, wenn sie ihm dafür ____________________

Aufgabe 5 Was halten die Bürger wohl von diesem Versprechen? Kreuze an.

- ☐ Sie wissen, dass er sein Versprechen halten wird.
- ☐ Sie hoffen, dass er sein Versprechen halten wird.
- ☐ Sie glauben nicht, dass er sein Versprechen halten wird.

Aufgabe 6 Wie viele Ratten und Mäuse gibt es in der Stadt? Kreuze an.
Es gibt

- ☐ in einigen Häusern einzelne Ratten und Mäuse.
- ☐ in vielen Häusern ein paar Ratten und Mäuse.
- ☐ in der ganzen Stadt viele Ratten und Mäuse.

Aufgabe 7 Welches Wort im Text macht deutlich, dass die Bürger unter den Ratten leiden? Schreibe es heraus.

Die Ratten und Mäuse sind für die Bürger eine ______________________

Aufgabe 8 Welches Instrument benutzt der Rattenfänger, um die Ratten und Mäuse aus den Häusern zu holen? Antworte mit einem vollständigen Satz.

____

Aufgabe 9 Wohin bringt der Rattenfänger die Ratten und Mäuse? Antworte wieder mit einem vollständigen Satz.

____

Aufgabe 10 a) Hält der Rattenfänger das Versprechen, das er den Bürgern gegeben hat?

- ☐ Ja, er hält es.
- ☐ Nein, er hält es nicht.

b) Halten sich die Bürger an die Zusage, die sie gemacht haben?

- ☐ Ja, sie halten sich daran.
- ☐ Nein, sie halten sich nicht daran.

Aufgabe 11 Wie haben sich die Bürger verhalten? Kreuze an, was am besten passt.

- ☐ Sie haben den Rattenfänger ausgenutzt.
- ☐ Sie haben den Rattenfänger betrogen.
- ☐ Sie haben sich über den Rattenfänger lustig gemacht.
- ☐ Sie haben den Rattenfänger vertrieben.

Aufgabe 12 Welche Gefühle hat der Rattenfänger nach seinem ersten Besuch in der Stadt?

Er empfindet ______________________ und ______________________

Aufgabe 13 Wohin bringt der Rattenfänger die Kinder?

Er bringt sie ____

Aufgabe 14 Wie alt ist das jüngste Kind, das mitgeht? Streiche durch, was falsch ist.
Das jüngste Kind ist **drei/vier/fünf** Jahre alt.

Aufgabe 15 Für wie alt hältst du das älteste Kind, das mitgeht? Kreuze an.

- ☐ Es ist jünger als 10 Jahre.
- ☐ Es ist zwischen 10 und 15 Jahre alt.
- ☐ Es ist älter als 15 Jahre.

Aufgabe 16 Wie viele Kinder entgehen dem Unglück? Kreuze an.

- ☐ ein Kind
- ☐ zwei Kinder
- ☐ drei Kinder
- ☐ vier Kinder

Aufgabe 17 Warum können zwei der geretteten Kinder nicht sagen, was mit den anderen Kindern geschehen ist? Ergänze die fehlenden Wörter.

a) Ein Kind ist ______________; deshalb konnte es nicht ______________, wohin die Kinder gebracht wurden.

b) Ein Kind ist ______________; deshalb kann es nicht ______________, wohin die Kinder gebracht wurden.

Aufgabe 18 Wie reagieren die Bürger auf den Verlust der Kinder? Ergänze die Satzanfänge.

a) Zuerst ______________________ sie die Kinder.

b) Die Mütter ____________________ und ____________________.

c) Es werden ______________________ ausgeschickt.

Aufgabe 19 Was macht der Rattenfänger bei seinem zweiten Besuch? Ergänze das fehlende Wort.

Er ______________ sich an den Bürgern.

Aufgabe 20 Wie zeigt die Stadt Hameln, dass sie die verschwundenen Kinder nie vergessen will? Ergänze die fehlenden Angaben.

a) Vor dem Berg, in dem die Kinder verschwunden sind, werden links und rechts ______________________

b) In der Straße, durch die die Kinder zum Tor hinausgegangen sind, müssen lange Zeit alle Menschen ______________________.

c) Die Begebenheit wird ______________________.

d) Ein späterer Bürgermeister lässt die Geschichte ______________________ ______________________.

Aufgabe 21 Welche Mahnung wird durch die Sage mitgeteilt? Ergänze, was fehlt.

Man sollte ein gegebenes Versprechen ______________________, sonst kann es passieren, dass man ______________________.

Die Sprache untersuchen

Satzglied Adverbial

Adverbiale geben **genauere Informationen** über ein Geschehen. Beispielsweise können sie Antworten auf diese Fragen geben:

- **Wann? Seit wann? Wie lange?** (Zeit)
- **Wo? Wohin? Woher?** (Ort)
- **Warum?** (Grund)
- **Wie?** (Art und Weise)

Adverbiale **können aus einem einzigen Wort** bestehen.
Beispiele: immer, hier, gern

Sie können auch aus einer **Gruppe von Wörtern** bestehen.
Beispiele: an einem sonnigen Sonntagmorgen, in den Straßen, aus Rache, mit einer Pfeife

Aufgabe 22 Unterstreiche in den folgenden Sätzen die Adverbiale. Schreibe anschließend auf, welche Fragen damit beantwortet werden:

„Wann?" „Seit wann?" „Wie lange?" – „Wo?" „Wohin?" „Woher?" – „Warum?" – „Wie?"

Hinweis: Manche Sätze enthalten mehr als ein Adverbial.

a) Im Jahr 1284 kam ein Rattenfänger nach Hameln. ____________

b) Er wollte die Ratten und Mäuse aus der Stadt vertreiben. ____________

c) Anschließend wollte er eine Belohnung erhalten. ____________

d) Nach kurzen Überlegungen versprachen ihm die Bürger eine feste Summe.

____

e) Der Rattenfänger lockte die Plagegeister mit einer Pfeife aus den Häusern.

____

f) Der ganze Haufen folgte ihm bis an die Weser. ____________

g) Sie ertranken alle im Fluss. ____________

h) Aber die Bürger wollten ihm aus Geiz den versprochenen Lohn nicht geben.

____

i) Eines Tages kam der Rattenfänger zurück. ____________

j) Beim zweiten Mal lockte er mit seiner Pfeife alle Kinder aus den Häusern.

____

Aufgabe 23 In den folgenden Sätzen fehlen die Adverbiale. Ergänze aus dem Kasten, was passt.

> an alle Orte, bei dem Berg, im Berg, im Hemd, in den Kirchenfenstern, ins Stadtbuch, links und rechts, nach Hause, nirgends, vor die Tore der Stadt, überall

a) Die Eltern liefen ____________

b) Sie suchten ihre Kinder ____________

c) Man schickte Boten ____________

d) Aber die Kinder wurden ____________ gefunden.

e) Ein kleiner Junge war ____________ mitgelaufen.

f) Er lief ____________, um seine Jacke zu holen.

g) Als er zurückkam, waren die anderen Kinder ______________________ verschwunden.

h) Die Bürger haben das Unglück ______________________ schreiben lassen.

i) Die Geschichte ist auch ______________________________ abgebildet.

j) ______________________ sind ______________________ zwei steinerne Kreuze aufgerichtet worden.

Wortart Adverb

Ähnlich wie ein Adverbial gibt ein **Adverb** (Plural: **Adverbien)** genauere Informationen über ein Geschehen. Anders als Adverbiale sind Adverbien aber **immer einzelne Wörter.** Es handelt sich um eine **Wortart** (im Merkkasten auf der folgenden Seite wird erklärt, was der Unterschied zwischen einer Wortart und einem Satzglied ist).

Ein Adverb gibt Antwort auf eine dieser Fragen:

- **Wann?** (auch: **Wie lange?, Wie oft?**)
- **Wo? Wohin?**
- **Warum?**
- **Wie?** (gemeint: **Auf welche Weise?**, auch: **Wie sehr?**)

Beispiele: hier, gestern, manchmal, gern, deshalb

Aufgabe 24 Welche der folgenden Wörter sind Adverbien? Unterstreiche sie.

meistens, fünfunddreißig, oben, Rattenfänger, möglicherweise, unten, Fluss, vergeblich, undankbar, seltsamerweise, niemals, Berg, samstags, alt, dort, Straße, Rathaus, inzwischen, Bürgermeister, morgen, tagelang, weich, rachsüchtig, Monat, drüben, vorgestern, Ende, endlich, rückwärts, verstehen, vergebens

Aufgabe 25 Auf welche Fragen können diese Adverbien eine Antwort geben? Schreibe die passende Frage auf: „Wo?“, „Wohin?“, „Wann?“, „Wie lange?“, „Wie oft?“, „Warum?“, „Wie?“

hier:	______________	selten:	______________
häufig:	______________	deshalb:	______________
demnächst:	______________	herein:	______________
gern:	______________	draußen:	______________
hinunter:	______________	kopfüber:	______________

überall:	______________	nie:	______________
bergauf:	______________	insgeheim:	______________
drüben:	______________	irgendwann:	______________
manchmal:	______________	fehlerlos:	______________

Was ist der Unterschied zwischen einer Wortart und einem Satzglied?
Es gibt ganz verschiedene Arten von Wörtern. Einige Wörter sind ähnlich. Sie gehören deshalb zur selben **Wortart.** Es gibt unter anderem folgende Wortarten:

- **Nomen,** z. B. **Frau** oder **Baum**
- **Verben,** z. B. **sitzen** oder **schreiben**
- **Adjektive,** z. B. **klein** oder **grün**
- **Adverbien,** z. B. **oft** oder **heute**

Ob ein Wort ein Nomen, ein Verb oder ein Adjektiv ist, kann man erkennen, ohne dass man dieses Wort in einem Satz liest.

Satzglieder sind immer **Teile eines Satzes.** Sie spielen in diesem Satz eine ganz bestimmte Rolle. Es gibt vier verschiedene Satzglieder:

- **Subjekt:** Das ist der „Täter" (Frage: **Wer oder was …?**).
- **Prädikat:** Das ist die eigentliche Handlung (Frage: **Was tut …?**).
- **Objekt:** Das ist das „Opfer" (Frage: **Wen** bzw. **wem oder was …?**).
- **Adverbial:** z. B. zu Zeit, Ort, Grund, Art und Weise (Fragen: **Wann? Seit wann? Wie lange? Wo? Wohin? Warum? Wie?**).

Ein Satzglied kann aus nur einem Wort bestehen (z. B. könnte das Wort **ich** ein Subjekt sein). Es kann aber auch aus einer Wortgruppe bestehen (z. B. könnte die Wortgruppe **den eiligen Mann mit der Aktentasche unter dem Arm** Objekt sein).

Aufgabe 26

Welches Wort gehört zu welcher Wortart? Trage die einzelnen Wörter in die richtige Spalte ein.

> Pfeife, weinen, der, suchen, Kinder, traurig, Fluss, jung, umkehren, wunderlich, dort, ein, führen, Ratten, Geld, ertrinken, ihr, zornig, Berg, haufenweise, früh, rot, erwachsen, ich, erzählen, damals

Nomen	Verb	Adjektiv	Adverb	Artikel	Pronomen

Aufgab 27 Bestimme die folgenden Satzglieder. Kennzeichne so:
Subjekt → S; Prädikat → P; Objekt → O; Adverbial → A

Im Jahr 1284 / verschwanden / hundertdreißig Kinder / aus der Stadt Hameln.

____

Der Rattenfänger / führte / die Kinder / zu einem Berg.

____

Die Geschichte von den verschwundenen Kindern / steht / im Stadtbuch.

____

Aufgabe 28 Markiere die Grenze zwischen den einzelnen Satzgliedern. Kennzeichne die Satzglieder anschließend (S – P – O – A).

a) Vor langer Zeit kam ein wunderlicher Mann in die Stadt Hameln.

____

b) Er lockte viele Ratten und Mäuse in die Weser.

____

c) Die Bürger versagten ihm aus Geiz den versprochenen Lohn.

____

d) In seinem Zorn führte er anschließend die Kinder aus der Stadt.

____

Richtig schreiben

Kleinschreibung von Adjektiven
Es gibt bestimmte Endungen, die anzeigen, dass Wörter Adjektive sind, also kleingeschrieben werden. Solche Endungen sind: **-lich, -ig, -isch.**
Beispiele: wunder**lich,** jämmer**lich,** vergeb**lich,** farb**ig,** zorn**ig,** geiz**ig,** mürr**isch,** stürm**isch**

Aufgabe 29 Verwandle die folgenden Nomen in Adjektive, indem du eine der Endungen -lich, -ig, -isch hinzufügst. Schreibe die Wörter richtig in die rechte Spalte.
Hinweis: Manchmal musst du zusätzlich einzelne Buchstaben verändern.

Nomen	**Adjektive mit -lich, -ig, -isch**
Stunde	
Ärger	
Regen	
Hass	
Sonne	
Herz	
Mut	
Freund	
Hast	
Durst	

Nomen	**Adjektive mit -lich,-ig, -isch**
Luft	
Kind	
Last	
Verbrecher	
Tatsache	
Sport	
Mann	
Angeber	
Herr	
Gefahr	

Zeichensetzung: Komma zwischen Gegensätzen
Gegensätze werden durch Komma voneinander abgetrennt. Man erkennt Gegensätze an diesen Wörtern: **aber, sondern, doch.**
Beispiele: Der Mann war nicht schön, **aber** reich.
Sie kaufte sich kein Eis, **sondern** sparte ihr Geld.
Wir wollten eigentlich kommen, **doch** wir hatten keine Zeit.

Aufgabe 30 Setze die fehlenden Kommas.

a) Der Rattenfänger wollte die Stadt von den Ratten befreien aber dafür verlangte er Geld.

b) Die Bürger waren zunächst einverstanden doch sie waren sehr geizig.

c) Der Fremdling hatte alle Ratten in der Weser ertränkt aber die Bürger wollten ihm seinen Lohn nicht zahlen.

d) Der Rattenfänger ging fort doch kam er bald darauf noch einmal in die Stadt.

e) Er blies wieder in seine Flöte aber dieses Mal lockte er die Kinder aus den Häusern und führte sie in einen Berg.

f) Die Bürger suchten die Kinder überall aber sie fanden sie nicht.

g) Sie schickten Boten aus doch die fanden auch keine Spur von den Kindern.

h) Ein blindes Kind hatte die Kinder gehört aber es hatte den Ort nicht gesehen.

i) Ein stummes Kind hatte den Ort gesehen aber es konnte nichts erzählen.

j) In einer Straße durfte man keine Musik machen sondern musste still sein.

Sich schriftlich äußern

Einen Bericht schreiben

Ein Bericht soll den Leser **nicht unterhalten,** sondern er soll ihn über wichtige Ereignisse **informieren.** Es wird **in Kürze** gesagt, was passiert ist. Unnötige Einzelheiten werden nicht erzählt, aber es darf auch nichts Wichtiges fehlen. Die Sprache ist **sachlich** und **nüchtern.** Ein Bericht gibt Antworten auf die fünf W-Fragen: **Wer? Was? Wann? Wo? Wie/Warum?**

So ist der Bericht aufgebaut:

- In der **Einleitung** sollte man die ersten vier W-Fragen beantworten. Das heißt: Man schreibt am Anfang, **was** überhaupt passiert ist, **wer** beteiligt war und **wann** und **wo** das geschehen ist.
- Erst im **Hauptteil** beantwortet man die fünfte W-Frage. Das heißt: Hier schreibt man, **wie** es dazu gekommen ist.
- Am **Schluss** schreibt man ein **Ergebnis** auf; z. B. wie das Ganze ausgegangen ist oder was für die Zukunft zu erwarten ist.

Aufgabe 31 Der folgende Bericht stammt aus einer Zeitung. Schreibe die Antworten auf die fünf W-Fragen heraus.

Dreijähriger fuhr allein im Bus

Ein dreijähriger Junge fuhr am Freitagvormittag allein mit dem Bus quer durch Berlin. Das Kind hatte gegen zehn Uhr in einem Sandkasten vor dem elterlichen Haus im Bezirk S. gespielt. Als ihm langweilig wurde, stieg es über einen niedrigen Zaun und lief ohne Schuhe zu einer nahe gelegenen Bushaltestelle. Dort stieg es in einen Bus der Linie 123. Kurz vor der Endhaltestelle informierte ein Fahrgast den Fahrer über den allein im Bus sitzenden Jungen. Dieser alarmierte die Polizei. Ein Streifenwagen brachte den Kleinen auf die nächste Polizeiwache, wo er von seiner Mutter abgeholt wurde. Diese hatte sein Verschwinden schon bemerkt und eine Vermisstenanzeige aufgegeben.

Wer? ______________________

Wo? ______________________

Wann? ______________________

Was? ______________________

Wie/Warum? ______________________

____

____

Aufgabe 32 Schreibe einen Bericht über das Unglück, das sich der Sage nach in Hameln zugetragen hat, in dein Heft. Verfahre so:

- Schreibe zuerst den Text. Beantworte am Anfang diese Fragen: Wer? Was? Wann? Wo? – Erkläre anschließend, wie es dazu gekommen ist.
- Überlege dir zum Schluss eine gute Überschrift. Beachte Folgendes:
  - Die Überschrift sollte nicht langweilig klingen, sondern sie sollte das Interesse des Lesers wecken.
  - Die Überschrift sollte kurz und klar formuliert sein, damit der Leser schnell versteht, worum es geht (maximal 5 bis 7 Wörter!).

Deinen Bericht kannst du so beginnen:

Ein tragisches Unglück ereignete sich am 26. Juni 1284 in Hameln: 130 Kinder verschwanden spurlos. Das geschah, nachdem …

Kapitel 2: Papa, was ist Rassismus?

TAHAR BEN JELLOUN: Papa, was ist Rassismus?

TOCHTER: Papa, was ist Rassismus?

VATER: Rassismus ist ein weit verbreitetes Verhalten, das es in jedem Land gibt und das in manchen Ländern leider so alltäglich geworden ist, dass es vielen schon gar nicht mehr auffällt. Dieses rassistische Verhalten besteht darin, anderen Menschen zu misstrauen, sie zu verachten und ungerecht zu behandeln, und zwar nicht, weil sie uns etwas Schlimmes angetan hätten, sondern einzig und allein, weil sie anders aussehen oder aus einer anderen Kultur stammen als wir.

TOCHTER: Ist Rassismus denn normal?

VATER: Nein. Nur weil ein Verhalten weit verbreitet ist, ist es noch lange nicht normal oder richtig. Allerdings ist unser Misstrauen gegenüber Fremden so alt wie die Menschheit selbst. Dieses Misstrauen gibt es auf der ganzen Welt. Es betrifft alle.

TOCHTER: Wenn es alle betrifft, dann ist ja jeder ein Rassist!

VATER: Nein, nur weil du einem Fremden misstraust, bist du noch kein Rassist. Dein anfängliches Misstrauen ist ganz natürlich, denn du weißt ja noch nichts über die Absichten des anderen, und da bist du besser erst einmal vorsichtig. Aber dieses Misstrauen wird sich meist in Vertrauen verwandeln, wenn du den anderen kennenlernst. Zum Rassisten wirst du erst, wenn du glaubst, dass der Fremde weniger wert ist als du und deshalb weniger gut behandelt werden sollte.

TOCHTER: Hoffentlich werde ich niemals so!

VATER: Niemand wird als Rassist geboren. Und wenn deine Eltern, deine Familie oder deine Lehrer dir keine fremdenfeindlichen Ideen in den Kopf setzen, wirst du auch nicht fremdenfeindlich werden. Wenn man dir aber zum Beispiel einredete, dass weißhäutige Menschen schwarzhäutigen Menschen überlegen seien und du diese Behauptung ernst nähmest, könnte das zur Folge haben, dass du Schwarze generell verachtest und schlecht behandelst.

TOCHTER: So ein Quatsch!

VATER: Ja, natürlich! Aber wenn man weiß, wie es zu Rassismus kommt, kann man auch etwas dagegen tun. Leider passiert es häufig, dass wir jemanden verachten oder sogar schlecht behandeln, der uns nichts getan hat, einfach nur, weil er anders ist als wir. Jeder von uns kann einen schlechten Tag haben. Jemand, der uns fremd ist, nervt uns dann, wir finden uns besser als ihn, wir fühlen uns ihm überlegen, wir lehnen ihn ab, wir wollen ihn nicht zum Nachbarn, schon gar nicht zum Freund, einfach nur, weil er anders ist als wir.

TOCHTER: Wie anders?

VATER: Nun, jemand ist anders, weil er eine andere Sprache spricht, anders kocht, andere Bräuche oder eine andere Religion hat, auf eine andere Art lebt und feiert als wir. Es gibt also neben äußerlichen Unterschieden wie zum Beispiel Körpergröße, Hautfarbe und Gesichtszügen die Unterschiede im Verhalten, in den Überzeugungen, im Glauben und viele andere mehr.

TOCHTER: Heißt das, ein Rassist und Ausländerfeind mag nur seine eigene Sprache, nur Menschen mit seiner Hautfarbe und auch nur Speisen aus seinem eigenen Land?

VATER: Nicht unbedingt. Ein Fremdenfeind kann zum Beispiel mit Vorliebe in asiatischen Restaurants essen. Aber trotzdem weigert er sich, einem ausländischen Studenten ein Zimmer zu vermieten. Denn er sieht in allem, was sich zu sehr von ihm unterscheidet, eine Bedrohung.

TOCHTER: Es ist also der Rassist, der sich bedroht fühlt?

VATER: Ja, denn er hat Angst vor jedem, der nicht so ist wie er. Ein Rassist hat Minderwertigkeitsgefühle gegenüber anderen oder leidet an Größenwahn. Das läuft auf das Gleiche hinaus, denn in beiden Fällen wird er andere verachten. Fremdenfeindliche Menschen sind unsichere Menschen, die Bestätigung brauchen. Sie ertragen es nicht, wenn an ihren Gewissheiten gerüttelt wird. Deshalb misstrauen sie allem Neuen und Fremden.

Den Text verstehen

Aufgabe 1 Was ist Rassismus? Welche erste Antwort gibt der Vater auf diese Frage? Ergänze genau drei Worte.

Rassismus ist ein ______________________________

Aufgabe 2 Welche Verhaltensweisen zeigt ein Rassist gegenüber einem Menschen, der anders aussieht oder aus einer anderen Kultur stammt? Beende die Satzanfänge.

a) Statt mit Vertrauen begegnet er ihm mit ______________________

b) Statt mit Achtung begegnet er ihm mit ______________________

c) Statt ihn gerecht zu behandeln, behandelt er ihn ______________________

Aufgabe 3 „... nur weil du einem Fremden misstraust, bist du noch kein Rassist", sagt der Vater zu seiner Tochter.

Was ist hier unter einem Fremden zu verstehen? Mache nur ein Kreuz! Lies noch mal im Text nach (Zeile 15 bis 20) Kreuze dann an, was am besten passt.

Mit einem Fremden ist hier gemeint ...

- ☐ jemand, den man noch nicht kennt.
- ☐ jemand, der anders aussieht als man selbst.
- ☐ jemand, der eine andere Religion hat als man selbst.
- ☐ jemand, der eine andere Sprache spricht als man selbst.

Aufgabe 4 Warum wird anfängliches Misstrauen gegenüber Fremden als natürlich bezeichnet? Füge die fehlenden Wörter ein.

Man weiß am Anfang noch nichts über die ______________________ eines Fremden; deshalb ist es ratsam, wenn man erst einmal ______________________ ist.

Aufgabe 5 Was für eine Meinung hat ein Rassist von sich selbst und von Fremden? Streiche von den blau gedruckten Wörtern jeweils dasjenige durch, das falsch ist.

a) Ein Rassist glaubt, dass er selbst **mehr/weniger** wert ist als ein Fremder.

b) Er meint deshalb, dass ein Fremder **besser/schlechter** behandelt werden sollte als er selbst.

Aufgabe 6 Wer ist nach Ansicht des Vaters schuld daran, dass jemand zum Rassisten wird? Kreuze an, was passt. Du kannst mehr als ein Kreuz machen.

- ☐ fremde Menschen
- ☐ schwarzhäutige Menschen
- ☐ einige Eltern
- ☐ einige Lehrer

Aufgabe 7 Was kann äußerlich bei einem Fremden anders sein? Nenne drei Beispiele.

a) ______________________________

b) ______________________________

c) ______________________________

Aufgabe 8 Was kann bei einem Fremden anders sein im Hinblick auf das Verhalten oder den Glauben? Nenne wieder drei Beispiele. Ergänze den folgenden Satz:

Jemand ist anders, wenn er …

a) ______________________________

b) ______________________________

c) ______________________________

Aufgabe 9 Was passt bei einem Rassisten manchmal nicht zusammen? Ergänze die gegebenen Satzanfänge.

a) Einerseits kann es sein, dass er gern ______________________________

____

b) Andererseits kann es sein, dass er sich weigert, ______________________________

____

Aufgabe 10 Der Vater sagt, ein Rassist habe eigentlich Minderwertigkeitsgefühle gegenüber anderen. Was bedeutet das? Streiche von den blau gedruckten Wörtern das falsche durch.

Er fühlt sich **besser/schlechter** als andere.

Aufgabe 11

Welche Gefühle bringt der Rassist Fremden entgegen? Trage passende Wörter in die Lücken ein. Wähle aus dem Kasten aus.

Achtung, Verachtung, Vertrauen, Misstrauen, Sicherheit, Unsicherheit, Neugier, Gleichgültigkeit, Freude, Sorge, Mut, Angst, Unruhe, Zuversicht, Bedenken, Hoffnung, Zorn, Neid

a) Einerseits empfindet er ________________________ für Fremde.

b) Andererseits hat er ________________________ vor Fremden.

Aufgabe 12

Welches Bild drückt am besten aus, wie ein Rassist sich selbst und einen Fremden sieht?

Die Sprache untersuchen

Präfixe

Ein Präfix ist ein kleiner Wortbaustein, der vorne zu einem Wort hinzugefügt werden kann. So entsteht ein neues Wort, das häufig eine ganz andere Bedeutung als das ursprüngliche Wort hat.

Beispiele: achten – **ver**achten; trauen – **miss**trauen; freundlich – **un**freundlich

Die Bedeutungsänderungen können auch minimal sein.

Beispiele: arbeiten – **be**arbeiten; singen – **vor**singen; hören – **zu**hören

Wichtige Präfixe sind:

ab-, an-, auf-, aus-, be-, bei-, ein-, ent-, er-, ge-, miss-, un-, ver-, vor-, wider-, wieder-, zer-, zu-

Präfixe können am Anfang dieser Wortarten stehen:

- am Anfang von **Nomen**
  Beispiele: **Ab**fahrt, **Ein**sicht, **Aus**gang
- am Anfang von **Verben**
  Beispiele: **an**fangen, **be**drohen, **ver**laufen
- am Anfang von **Adjektiven**
  Beispiele: **un**dankbar, **miss**mutig

Aufgabe 13

Welche Präfixe müssen bei den Verben hinzugefügt werden, damit die Erklärungen passen? Ergänze!

a) sich aufspielen, imponieren: → _______geben

b) etwas verstehen, was man vorher nicht verstanden hat: → es _______sehen

c) Gewicht verlieren: → _______nehmen

d) aggressiv gegen jemanden vorgehen: → ihn _______greifen

e) anderen sagen, was getan werden könnte: → etwas _______schlagen

f) jemandem zu Hilfe kommen: → ihm _______stehen

g) einen Menschen oder ein Tier quälen: → ihn (bzw. es) _______handeln

h) von etwas die Farbe entfernen: → es _______färben

i) nicht rechtzeitig aufwachen: → _______schlafen

j) beim Essen nichts übrig lassen: → alles _______essen

Aufgabe 14 Ergänze bei den folgenden Verben so viele Präfixe wie möglich.

______		______	
______		______	
______		______	
______	**sagen**	______	**fahren**
______		______	
______		______	
______		______	

Aufgabe 15 Im folgenden Text fehlen bei den blau gedruckten Wörtern die Präfixe. Korrigiere den Text. Schreibe die vollständigen Wörter rechts auf. Du musst diese Präfixe ergänzen: ab-, an- (2x), be- (2x), ein- (3x), ent-, ver-.

Deutschland braucht nicht weniger,
sondern eher mehr **Wanderer.** Denn ______
seit einiger Zeit **kommen** die Deut- ______
schen immer weniger Kinder. Das
wirkt, dass die Zahl der älteren Men- ______
schen **steigt,** während die Zahl der ______
jüngeren Menschen **nimmt.** ______
Wanderer können diesen Trend ______
zwar nicht **halten.** Aber zumindest ______
können sie ihn ein wenig **zögern.** ______
Deutschland ist längst zu einem
Wanderungsland geworden. Seit ______
kurzem gibt es deshalb auch ein **spre-**
chendes Gesetz. ______

Richtig schreiben

Präfixe als Rechtschreibhilfe nutzen

Präfixe können eine wichtige Rechtschreibhilfe sein. Wenn man weiß, wie das Präfix **miss-** geschrieben wird, kann man alle Wörter, die mit **miss-** beginnen, richtig schreiben.
Beispiele: **miss**verstehen, **miss**achten, **miss**trauisch, **Miss**erfolg …

Besonders wichtig sind auch die Präfixe **ver-** und **vor-** (mit **v** – nicht mit **f**!). Wenn das folgende Wort mit **r** beginnt, ist es wichtig, dass kein **r** verloren geht.
Beispiele: **ver**reisen, (sich) **ver**rechnen, **ver**riegeln, **Ver**rat, **Vor**rat …

Hinweis: Es gibt auch Wörter, bei denen es sich so anhört, als ob sie mit **ver-** oder mit **vor-** beginnen. Der erste Wortbestandteil ist bei ihnen aber **fern-** oder **fort-**.
Beispiele: **fern**sehen, **Fern**bedienung, **fort**gehen, **Fort**setzung

Beachte auch, dass **fer-** die erste Silbe des Wortes **fertig** ist!

Aufgabe 16 Füge das Präfix „miss-“ hinzu und schreibe die Wörter auf.
Achte auf die richtige Groß- und Kleinschreibung, sie ändert sich durch das Präfix nicht!

a) Achtung → ______________________

b) verstehen → ______________________

c) brauchen → ______________________

d) Erfolg → ______________________

e) Ernte → ______________________

f) fallen → ______________________

g) mutig → ______________________

h) Geschick → ______________________

i) gestimmt → ______________________

j) Gunst → ______________________

k) Handlung → ______________________

Aufgabe 17 Wie ist es richtig: f oder v? Trage den fehlenden Anfangsbuchstaben ein. Schreibe das ganze Wort anschließend noch einmal richtig daneben. Achte auf die richtige Groß- und Kleinschreibung!

a) _erstehen ____________
b) _erlieren ____________
c) _ernseher ____________
d) _erletzen ____________
e) _ertighaus ____________
f) _erstand ____________
g) _erngesteuert ____________
h) _erstecken ____________
i) _erkehr ____________
j) _erstummen ____________
k) _ergnügen ____________
l) _ertigkeit ____________
m) _orbereiten ____________
n) _orfreude ____________
o) _ortgang ____________
p) _orbild ____________
q) _orfahren ____________
r) _orbereitung ____________
s) _orher ____________
t) _ormittag ____________
u) _orspeise ____________
v) _orwärts ____________
w) _ort ____________
x) _ortsetzung ____________

Aufgabe 18 Beide Schreibweisen sind richtig: vereisen – verreisen. Die Bedeutung der Wörter ist aber jeweils verschieden. Schreibe zu jedem Wort einen passenden Satz.

vereisen: ____________________

verreisen: ____________________

Aufgabe 19 Erkläre die Schreibweisen. Schreibe so: Vorrat: vor + Rat → der Vorrat

Vorgespräch ____________ → ____________

Vorsicht ____________ → ____________

Vorredner ____________ → ____________

Vorliebe ____________ → ____________

Vorrunde ____________ → ____________

Vorschule	______________	→	______________
Vorstellung	______________	→	______________
Vorraum	______________	→	______________
Vorsitz	______________	→	______________
Vorrichtung	______________	→	______________
Vorteil	______________	→	______________

Aufgabe 20 Wie heißen die Wörter? Schreibe sie richtig auf.
Hinweis: Du darfst keinen zusätzlichen Buchstaben hineinschmuggeln!

vor-

aus	→	______________
bei	→	______________
erst	→	______________
her	→	______________
an	→	______________
über	→	______________
hin	→	______________
ab	→	______________

Sich schriftlich äußern

Die Bedeutung eines Wortes erklären
Die Erklärung einer Wortbedeutung nennt man **Definition.** Definitionen findet man im **Lexikon.**

Beispiel: **Angst** – Reaktion auf eine unbestimmte Bedrohung …

Gute Definitionen sehen so aus:

1. Als Erstes sagt der Sprecher/Schreiber, **worum es sich handelt.** Auf die Frage: „Was ist Rassismus?“, gibt der Vater seiner Tochter zuerst diese Antwort: „Rassismus ist ein weit verbreitetes Verhalten …“
2. Anschließend folgen **genauere Erklärungen,** z. B.: „Dieses rassistische Verhalten besteht darin, anderen Menschen zu misstrauen, sie zu verachten und ungerecht zu behandeln …“
3. Danach sollte man noch ein **Beispiel** bringen. Um seiner Tochter verständlich zu machen, wie sich ein Rassist verhalten kann, bringt der Vater dieses Beispiel: „Ein Fremdenfeind kann zum Beispiel mit Vorliebe in asiatischen Restaurants essen. Aber trotzdem weigert er sich, einem ausländischen Studenten ein Zimmer zu vermieten …“
4. **Zum Schluss** sagt man am besten noch einmal, **was dabei besonders wichtig** oder auch **problematisch** ist. Zum Thema „Rassismus“ sagt der Vater am Ende: „Fremdenfeindliche Menschen sind unsichere Menschen, die Bestätigung brauchen. […] Deshalb misstrauen sie allem Neuen und Fremden.“
5. Definitionen stehen im **Präsens** („Rassismus **ist …**“).

Aufgabe 21 Schreibe zu einem der folgenden Wörter eine Definition in dein Heft.
Taschengeld – Klassenreise – Zeugnis

Achte beim Schreiben auf diese Reihenfolge:

1. Zuerst sagst du, worum es sich überhaupt handelt.
2. Danach bringst du noch genauere Erklärungen.
3. Deine Erklärungen veranschaulichst du mit einem Beispiel.
4. Zum Schluss fasst du zusammen, was das Wichtigste ist oder was an dem Sachverhalt problematisch ist.

Kapitel 3: Ich kann mehr als nur dreinschlagen

GUDRUN PAUSEWANG: Ich kann mehr als nur dreinschlagen

Wenn man einem eine runterhaut, kriegt man von ihm auch eine geklebt. So ist es normal.

Der Berthold aber, der steht nur da und rührt sich nicht. Er schützt sich höchstens mit den Armen. Dabei ist er durchaus kein Schwächling. Wenn er die Kugel stößt, staunt sogar unser Sportlehrer. Er hat einen Brustkasten wie Tarzan. Daran kann's also nicht liegen, dass er sich nicht wehrt. Er würde sicher mit den meisten von uns fertig werden. Solche kleinen Kläffer wie zum Beispiel Max und Wolfgang brächte er mit einem einzigen Kinnhaken auf Abstand.

Er ist auch nicht feige. Kürzlich hat er beim Fußballspielen mal den Ball ins Fenster vom Schulsekretariat geschossen. Wir hätten alle für ihn dichtgehalten. Trotzdem ist er hineingegangen und hat gesagt, dass er's gewesen war.

Er macht's auch nicht aus Angeberei. Nein, der Berthold ist kein Angeber. Er spricht sowieso nie ein Wort zu viel. Als er bei den Bundesjugendspielen die meisten Punkte vom ganzen Jahrgang hatte, haben es die Leute in den Parallelklassen nicht durch ihn, sondern durch uns erfahren. Wenn man ihm gratuliert, grinst er nur und hebt die Schultern.

Er ist auch nicht bei so einer Sekte[1], die das Soldatsein verbietet. Nein, mit Sekten hat er nichts im Sinn. Das weiß ich, weil ich in der Schule neben ihm sitze. Ja, manchmal kenne ich ihn ein bisschen besser als die anderen. Ich weiß, dass er einen Dackel mit Namen Suliman hat und gern Kartoffelsalat isst und nicht gern Klavier übt und Senkfüße hat. Ich weiß auch, dass er ziemlich faul ist. Er schreibt fast täglich die Hausaufgaben von mir ab. Und er ist sehr vergesslich. Er ist wie alle. Nur in dem einen Punkt unterscheidet er sich von den anderen: dass er sich nie prügelt. Auch nicht, wenn er angegriffen wird.

Aber wie kann man jemandem die Faust gegen die Rippen donnern, der nicht die Absicht hat zurückzuschlagen? Da kannst du genauso gut gegen einen Kartoffelsack boxen. Der Emmo hat dem Berthold mal eine gelangt, eine kräftige, dass es nur so geklatscht hat. Weil er ärgerlich über ihn war: Der Berthold hatte sich von ihm das Matheheft ausgeborgt, um die Aufgaben abzuschreiben. Emmo ist nämlich in Mathe der Beste. Manchmal bleibt mir auch nichts anderes übrig, als von ihm abzuschreiben. Berthold hatte ihm versprochen, das Heft

1 Sekte: eine Gruppe von Menschen, die eine besondere Glaubensrichtung vertritt und sich dadurch von anderen abgrenzt (z. B. die Zeugen Jehovas).

gleich wieder mitzubringen. Aber am nächsten Tag, als der Mathelehrer die Hefte einsammelte, bekam Emmo Schwierigkeiten: Das Heft war nicht da! Berthold hatte es daheim vergessen.

Berthold nahm zwar vor dem Lehrer sofort alle Schuld auf sich, aber Emmo ist einer, der alles sehr genau nimmt. Ihn machte es rasend, dass das Heft nicht da war. Deshalb klebte er Berthold eine. Aber Berthold schlug nicht zurück. Er stand ganz ruhig da und sah Emmo ins Gesicht. Da wurde Emmo rot und entschuldigte sich. Hinterher erzählte mir Emmo, er habe sich über sich selbst gewundert. Bei so was entschuldige er sich nie. Aber in diesem Augenblick sei ihm nichts anderes eingefallen.

Ich konnte ihn gut verstehen, den Emmo. Wenn man auf einen einschlägt und der wehrt sich nicht, fühlt man sich im Unrecht. Es ist scheußlich, sich im Unrecht zu fühlen. Man wird dann unsicher. Lieber verkneif ich's mir, Berthold eine zu scheuern. Also muss ich mich mit ihm irgendwie vertragen, muss mit ihm im Guten auskommen, muss mit ihm Kompromisse[2] schließen. Das ist mühsam. Kürzlich hat er auch ein Heft von mir daheim vergessen. Natürlich nicht mit Absicht. Aber ich kam dadurch doch ins Schwitzen. Das tat ihm leid. Ziemlich zerknirscht hat er sich bei mir entschuldigt. Ich hab sehr an mich halten müssen. Am Nachmittag hat er mir einen ganzen Korb Mirabellen gebracht. Er hat nämlich daheim einen großen Obstgarten.

Ich hab den Berthold mal gefragt, warum er sich nicht prügelt und nicht wenigstens zurückschlägt, wenn ihn einer haut. Darauf hat er nur geantwortet: „Ich bin doch kein Neandertaler[3].“

Ein Neandertaler will ich auch nicht sein. Ich kann mehr als nur draufhauen. Bei der nächsten Gelegenheit will ich auch mal probieren, nicht zurückzuschlagen. Muss ein merkwürdiges Gefühl sein. Aber was der Berthold kann, müsste ich eigentlich auch können. Na, die werden staunen!

Allerdings bin ich nur eine halbe Portion, verglichen mit Berthold. Vielleicht lade ich deshalb gerade dazu ein, dass sie mich verdreschen, wenn ich mich nicht wehre. Ich glaube, ich muss mich erst mal voll Mut pumpen. Denn Angst darf ich dabei nicht haben.

2 Einen Kompromiss schließen: sich gütlich einigen. Bei einem Kompromiss muss jeder Beteiligte ein bisschen nachgeben.

3 Neandertaler: Urmenschen. Sie lebten vor 120 000 bis 30 000 Jahren in Europa, Asien und Afrika.

Den Text verstehen

Aufgabe 1 Was bezeichnet der Ich-Erzähler als normal? Ergänze den Satzanfang.

Wenn jemand geschlagen wird, dann ist es normal, dass er

____

Aufgabe 2 Warum ist Berthold in diesem Sinne nicht normal? Antworte mit einem vollständigen Satz.

____

____

Aufgabe 3 Was ist nicht der Grund für Bertholds „unnormales" Verhalten? Ergänze.

a) Er ist kein ______________________________

b) Er ist nicht ______________________________

c) Er ist kein ______________________________

d) Er ist nicht bei einer ______________________________

Aufgabe 4 Mit wem wird Berthold hier verglichen? Ergänze.

Er hat einen Brustkasten wie ______________________________

Aufgabe 5 Inwiefern ist Berthold in seinem Verhalten so wie alle anderen auch? Nenne zwei Beispiele.

a) ______________________________

____

b) ______________________________

____

Aufgabe 6 Warum schlägt Emmo Berthold?

- ☐ Berthold hat von ihm abgeschrieben. Das findet er unmöglich.
- ☐ Berthold hat sein Heft zu Hause liegen lassen. Das macht ihn wütend.
- ☐ Berthold verhält sich gleichgültig. Das ärgert ihn.
- ☐ Berthold hat dem Mathelehrer nichts gesagt. Deshalb hat Emmo Ärger bekommen.

Aufgabe 7 Der Ich-Erzähler erklärt, wie es dazu gekommen ist, dass sich Emmo bei Berthold entschuldigt. Unterstreiche diese Textstelle (insgesamt drei Sätze).

Aufgabe 8 Was meint der Ich-Erzähler, wenn er sagt: „Ich hab sehr an mich halten müssen." (Zeile 50–51). Kreuze an.

- ☐ Ich war entsetzt, weil ich nicht wusste, was ich dem Lehrer sagen sollte.
- ☐ Ich war drauf und dran zuzuschlagen und musste mich sehr beherrschen.
- ☐ Ich hatte Angst davor, dass ich Ärger bekommen würde.
- ☐ Ich fand es falsch, dass ich Berthold mein Heft geliehen hatte.

Aufgabe 9 Zu wem passen die folgenden Äußerungen, zum Ich-Erzähler oder zu Berthold? Trage ein.

a) „Ich bin kein Neandertaler." Diese Äußerung passt zu: ____________________

b) „Ich will kein Neandertaler sein." Diese Äußerung passt zu: ________________

Aufgabe 10 Auf wen bezieht sich die Überschrift des Textes? Auf Berthold oder auf den Ich-Erzähler? Ergänze.

a) Die Überschrift bezieht sich auf ______________________________________

b) Begründung: ____

Aufgabe 11 Welche Aussagen sind richtig? Kreuze an.
Der Ich-Erzähler meint, wenn er künftig nicht mehr zurückschlägt,

- ☐ ist das richtig.
- ☐ ist das falsch.
- ☐ ist das schwierig.
- ☐ ist das einfach.

Aufgabe 12 Welches Gefühl braucht der Ich-Erzähler, um nicht mehr zurückzuschlagen? Und welches Gefühl darf er nicht haben? Füge ein.

a) Er glaubt, dass er viel ________________________________ braucht.

b) Er glaubt, dass er keine ______________________________ haben darf.

Aufgabe 13 Was bedeutet es, wenn der Ich-Erzähler sich als „halbe Portion" bezeichnet? Ergänze zwei Adjektive.

Der Ich-Erzähler ist __________________ und wirkt __________________

Aufgabe 14 Was werden die Klassenkameraden tun, wenn er nicht mehr zurückschlägt? Kreuze an, was der Ich-Erzähler vermutet.

- ☐ Sie werden ihn auslachen.
- ☐ Sie werden ihn ärgern.
- ☐ Sie werden staunen.
- ☐ Sie werden ihn bewundern.

Aufgabe 15 Welche Bedeutung hat Berthold für den Ich-Erzähler? Kreuze an, was am besten passt.

Berthold ist für ihn vor allem:

- ☐ irgendein Mitschüler
- ☐ ein guter Sportler
- ☐ eine Art Vorbild
- ☐ ein komischer Junge
- ☐ ein Hundebesitzer
- ☐ ein Freund

Die Sprache untersuchen

Zeitformen der Vergangenheit
Es gibt drei Zeitformen der Vergangenheit:
- das **Präteritum,**
- das **Perfekt,**
- das **Plusquamperfekt.**

Diese drei Zeitformen der Vergangenheit werden so verwendet:
- Das **Präteritum** verwendet man immer dann, wenn man von etwas **erzählt (schriftlich),** das in der Vergangenheit passiert ist. Dabei spielt es keine Rolle, ob das Ereignis erst vor kurzem (z. B. heute Morgen) oder schon vor langer Zeit (z. B. vor drei Jahren) geschehen ist.
  Beispiel: Berthold nahm alle Schuld auf sich.
- Das **Perfekt** verwendet man in zwei Fällen:
  – Man sagt etwas im **Präsens** und will **etwas einfügen,** das **vorher** geschehen ist.
  Beispiel: Emmo ist wütend, weil Berthold das Heft **vergessen hat.** (Dass Berthold das Heft vergessen hat, ist **vorher** geschehen; erst danach ist Emmo wütend.)
  – Man erzählt **mündlich** von etwas, das man erlebt hat.
  Beispiele: Gestern **habe** ich meine Freundin **getroffen.** Wir **sind** ins Eiscafé **gegangen.** Da **haben** wir zwei Stunden **gesessen.**
- Das **Plusquamperfekt** verwendet man, wenn man von etwas erzählt, das in der Vergangenheit geschehen ist (übliche Zeitform: Präteritum), und wenn man **etwas einfügen** will, das **noch länger zurückliegt.**
  Beispiel: Berthold entschuldigte sich, weil er Emmos Matheheft zu Hause **vergessen hatte. (Zuerst** hatte Berthold das Heft vergessen; **danach** entschuldigte er sich.)

Aufgabe 16 Welche Aussagen stehen im Perfekt? Markiere sie.
Hinweis: Überlege, was zuerst bzw. vorher geschehen ist.

a) Berthold hat Emmos Heft zu Hause vergessen. Darum ist Emmo sauer.

b) Es tut Berthold leid, dass er Emmo sein Heft nicht zurückgeben kann. Er hat das Heft aber nicht mit Absicht zu Hause gelassen.

c) Emmo schlägt Berthold. Dabei hat Berthold alle Schuld auf sich genommen.

d) Berthold hat sich nicht gewehrt. Darum fühlt Emmo sich schuldig.

e) Emmo hat sich bei Berthold entschuldigt. Darüber wundert er sich.

Aufgabe 17 Welche Aussagen stehen im Plusquamperfekt? Markiere sie.

a) Berthold hatte den Fußball ins Fenster des Schulsekretariats geschossen. Er war nicht feige. Er gestand seine Missetat sofort.

b) Berthold hatte bei den Bundesjugendspielen die meisten Punkte erhalten. Er redete nicht darüber. Seine Mitschüler erzählten das in der Schule herum.

c) Berthold hatte das Matheheft des Ich-Erzählers zu Hause vergessen. Er entschuldigte sich dafür mit einem Korb Mirabellen. Er hatte einen großen Garten.

Die Formen der Vergangenheit richtig bilden

- Das **Präteritum** bildet man, indem man die Endung **-te** einfügt.
  Beispiele: sagen – er sag**te**, lachen – wir lach**ten**, spielen – du spiel**test**.
  Bei **unregelmäßigen Verben** verändern sich die Formen des Präteritums. Man muss sie deshalb auswendig wissen.
  Beispiele: schreiben – er **schrieb**, lesen – ich **las**, helfen – wir **halfen**.
- Das **Perfekt** bildet man mit dem **Präsens** von **haben** oder **sein** und dem **Partizip Perfekt**.
  Beispiele: Emmo **hat** sich **geärgert**. Das **ist** Berthold unangenehm **gewesen**.
- Das **Plusquamperfekt** bildet man mit dem **Präteritum** von **haben** oder **sein** und dem **Partizip Perfekt**.
  Beispiele: Berthold **war** bei den Bundesjugendspielen der Beste im ganzen Jahrgang **gewesen**. Er **hatte** die meisten Punkte **gesammelt**.

Hinweis: Manche Formen des Partizips Perfekt beginnen nicht mit **ge-**, sondern mit einer anderen Vorsilbe.
Beispiele: bestellen – **be**stellt, verstehen – **ver**standen, entschuldigen – **ent**schuldigt

Aufgabe 18 Perfekt oder Plusquamperfekt? Bestimme.

a) Meine Eltern waren zwei Wochen in Italien gewesen. ____________________

b) Gestern sind sie zurückgekommen. ____________________

c) Wir hatten uns in der Zeit um die Wohnung gekümmert. ____________________

d) Das hat uns Spaß gemacht. ____________________

e) Zum Dank haben unsere Eltern uns Geschenke mitgebracht. ____________________

Aufgabe 19 Perfekt oder Präsens? Bestimme.

a) Ich habe heute keine Zeit. ______________________

b) Meine Tante ist zu Besuch gekommen. ______________________

c) Ich habe mich über ihren Besuch gefreut. ______________________

d) Einmal im Jahr ist sie bei uns. ______________________

e) Dann erzählen wir uns alle Neuigkeiten. ______________________

f) Diesmal ist eine ganze Menge passiert. ______________________

Aufgabe 20 Plusquamperfekt oder Präteritum? Bestimme.

a) Eigentlich hatten wir einen Ausflug geplant. ______________________

b) Aber das Wetter war einfach zu schlecht. ______________________

c) Schon vorgestern hatte es geregnet. ______________________

d) Und heute Morgen war der Himmel immer noch grau. ______________________

e) Deshalb wurde nichts daraus. ______________________

Aufgabe 21 Wie lauten die richtigen Formen des Perfekts? Trage ein.

a) Wir (einkaufen) → ______________________

b) Ein Paket (ankommen) → ______________________

c) Der Regen (aufhören) → ______________________

d) Der Mond (aufgehen) → ______________________

e) Dein Freund (anrufen) → ______________________

f) Ein Unfall (passiert) → ______________________

Aufgabe 22 Wie lauten die richtigen Formen des Plusquamperfekts? Trage ein.

a) Du (fragen) → ______________________

b) Wir (antworten) → ______________________

c) Die alte Dame (stürzen) → ______________________

d) Der Besucher (bleiben) → ______________________

e) Das Essen (anbrennen) → ______________________

f) Der Junge (lachen) → ______________________

Richtig schreiben

Groß- und Kleinschreibung: Nominalisierungen

Verben und **Adjektive** schreibt man normalerweise **klein.**

Beispiele: Der Junge **lachte.** – Er **freute** sich über den Witz. – Der Witz war **lustig.**

Verben und Adjektive können aber in **Nomen verwandelt** werden. Dann schreibt man sie **groß.** Das ist z. B. dann der Fall, wenn sie einen **Artikel** als **Begleiter** haben.

Beispiele: Die Zuhörer staunten über **das Lachen** des Jungen.
Sie hatten nicht verstanden, was **das Lustige** an dem Witz sein sollte.

Adjektive können auch durch diese Begleiter in Nomen verwandelt werden: **alles, etwas, nichts.**

Beispiele: gut – alles Gute, schön – etwas Schönes, neu – nichts Neues

Hinweis: Manchmal sind die Artikel schwer zu erkennen, weil sie sich „versteckt" haben.

Beispiele: Das Kind hat **beim Spielen** völlig die Zeit vergessen.
→ beim Spielen = **bei dem Spielen**
Er versuchte es erst einmal im Guten.
→ im Guten = **in dem Guten**

Aufgabe 23 In der Erzählung „Ich kann mehr als nur dreinschlagen" kommen zwei Sätze vor, in denen ein Verb oder ein Adjektiv wie ein Nomen verwendet wird. Unterstreiche diese Nominalisierungen.

Satz 1: Also muss ich mich mit ihm irgendwie vertragen, muss mit ihm im Guten auskommen, muss mit ihm Kompromisse schließen.

Satz 2: Aber ich kam dadurch doch ins Schwitzen.

Aufgabe 24 Im folgenden Text findest du insgesamt sechs Nomen, die ursprünglich Adjektive waren. Unterstreiche sie zusammen mit ihren Begleitern.

Das war ärgerlich!

Gestern passierte Martin etwas Dummes: Er ließ doch tatsächlich seine Schultasche im Bus liegen, weil er durch ein interessantes Gespräch mit seinem Freund Stefan so abgelenkt war. Erst als er die Schularbeiten machen wollte, bemerkte er seinen Fehler. Das Ärgerliche war nun, dass er viel Zeit damit verbringen musste, um wieder an seine Tasche zu kommen. Dabei hätte er lieber etwas Vernünftiges mit dem Nachmittag angefangen. Verdrossen machte er sich auf den Weg zum Fundbüro, um alles Nötige in die Wege zu leiten. Zum Glück hatte ein ehrlicher Finder die Tasche schon abgegeben. Martin musste nur kurz erzählen, wann und wo er das gute Stück hatte liegen lassen, und er musste beschreiben, wie seine Tasche aussah. Daraufhin händigte ihm der Mann hinter dem Schalter sein Eigentum wieder aus. Martin prüfte kurz nach, ob auch alle seine Sachen noch in der Tasche waren. Ja – ein Glück, nichts Wichtiges fehlte! Nicht einmal der neue Gameboy war geklaut worden. Erleichtert fuhr Martin wieder nach Hause. Nun musste er noch seine Schularbeiten machen, dann war alles Unangenehme für diesen Tag erledigt. Es sei denn, seine Mutter käme noch auf die Idee, ihm den abendlichen Abwasch aufzubrummen …

Aufgabe 25 Welche Verben sind „echte“ Verben und welche werden als Nomen gebraucht? Trage die fehlenden Wörter richtig ein.

Kleine Raucher

Viele Jugendliche fangen sehr früh mit dem ______________	RAUCHEN
an. Oft sieht man schon zehnjährige Jungen oder Mädchen	
an Bushaltestellen herumstehen und ______________ Sie	QUALMEN
glauben wahrscheinlich, dass sie durch das ______________	RAUCHEN
erwachsener wirken. Viele geben damit auch einfach nur an.	
Die meisten ______________ allerdings, dass sie mit dem	MEINEN
______________ jederzeit wieder aufhören können. Aber so	RAUCHEN
einfach ist das mit dem ______________ doch nicht. Nach	AUFHÖREN
jahrelangem ______________ ist es eben schwierig, plötzlich	RAUCHEN
wieder auf den Glimmstängel zu ______________.	VERZICHTEN

Zwar ______________ die Jugendlichen eigentlich alle, dass	WISSEN
das ______________ ein gefährliches Vergnügen ist. Schon in	RAUCHEN
der Schule ______________ sie, dass durch das ______________	LERNEN RAUCHEN
gefährliche Krankheiten entstehen können. Aber viele von	
ihnen ______________ eben, dass erst eine lange Zeit verge-	DENKEN
hen muss, ehe sich das ______________ auf ihre Gesundheit	RAUCHEN
auswirkt. Und sie glauben ja auch, dass sie rechtzeitig vorher	
wieder mit dem ______________ aufhören.	QUALMEN
Leider ______________ sie es oft doch nicht. Und dann	SCHAFFEN
______________ sie später wahrscheinlich zu ihren Kindern:	SAGEN
„Fangt gar nicht erst mit dem ______________ an! Sonst könnt	RAUCHEN
ihr es euch später nicht mehr ______________!“	ABGEWÖHNEN

Sich schriftlich äußern

Personen charakterisieren

Wenn man **eine Person charakterisiert,** möchte man erreichen, dass sich der Leser ein anschauliches **Bild** von der **Persönlichkeit** dieses Menschen machen kann. Im Mittelpunkt stehen dabei die **Charaktereigenschaften.**

Bevor man die Charaktermerkmale nennt, sollte man dem Leser zunächst einmal mitteilen, um wen es überhaupt geht. Dazu sollte man folgende Informationen zur Person nennen:

- den Namen und das Geschlecht,
- das Alter,
- die Rolle, die die Person einnimmt (z. B. in der Familie, unter Freunden, in der Gesellschaft),
- das Aussehen.

Danach nennt man die charakterlichen Merkmale der Person, z. B.:

- besondere Fähigkeiten,
- Vorlieben (was sie gern mag),
- Abneigungen (was sie nicht mag),
- Verhaltensweisen (was sie oft tut),
- Eigenschaften (wie sie ist).

Aufgabe 26 Wähle eine Person aus, die du gut kennst (z. B. deine Mutter, deinen Bruder oder einen Freund). Schreibe die Merkmale dieser Persönlichkeit stichwortartig auf. Orientiere dich an dem Beispiel zu Berthold.

Charakterisierung Bertholds

1. **Name und Geschlecht:** Berthold; männlich
2. **Alter:** schätzungsweise 13 bis 14 Jahre
3. **Rolle:** Klassenkamerad, Schüler, Vorbild
4. **Aussehen:** für sein Alter groß und kräftig; besondere Kennzeichen: Senkfüße.
5. **Fähigkeiten:** guter Sportler
6. **Vorlieben:** isst gerne Kartoffelsalat; Hundefreund (Dackelbesitzer)
7. **Abneigungen:** übt nicht gern Klavier; macht ungern Hausaufgaben; lehnt es ab, sich zu prügeln
8. **Verhaltensweisen:** bleibt immer ruhig; gibt zu, wenn er etwas falsch gemacht hat; gibt nicht an
9. **Eigenschaften:** zurückhaltend, ehrlich, nicht feige, faul, vergesslich

Name: ____________________

Geschlecht: ____________________

Alter: ____________________

Rolle: ____________________

Aussehen: ____________________

Fähigkeiten: ____________________

Vorlieben: ____________________

Abneigungen: ____________________

____

Verhaltensweisen: ____________________

____

Eigenschaften: ____________________

____

Kapitel 4: Wie findet man seinen eigenen Stil?

Wie findet man seinen eigenen Stil?

Wie ist das mit der Kleidung?

Das ist ein schwieriges Kapitel. Beginnen wir mit der Frage: Was hast du an? Das, was dir gefällt? Was bei den anderen in der Klasse gerade Mode ist? Was deine Familie nett und anständig findet? Was du im Fernsehen, in Modezeitschriften oder in der Disco gesehen hast?

Du wirst sehen, dass die erste Möglichkeit die komplizierteste ist.

Warum? Weil du dann – wenn du trägst, was dir gefällt – unter Umständen alle gegen dich hast. Deine Freunde finden dich abartig. Die Familie steht sowieso Kopf, wenn man sich nicht anständig anzieht. Die Bekleidungsindustrie sagt, sie ginge Pleite, wenn wir nicht das kauften, was sie uns bietet.

Du musst also entscheiden: Wem gebe ich nach? Wem passe ich mich an? Denn wenn du dir das anziehst, was gerade schrill und fetzig ist, drehen sich vielleicht die Leute auf der Straße um. Aber damit tust du nicht im Geringsten etwas Originelles[1]. In unseren Städten sitzen schrille Typen zu Dutzenden auf den Marktplätzen herum, und wenn sie ein Kind oder eine alte Frau erschrecken können, sind sie glücklich. Das wäre also nichts als Anpassung an das Unangepasste.

Man muss einfach erkennen und sich eingestehen, dass man in der Kleiderangelegenheit nicht frei ist. Natürlich will man von seiner Gruppe, von seinen Freunden anerkannt werden. Deshalb muss man sich entsprechend kleiden. Aber du liebst ja auch deine Familie. Aus Liebe und aus Höflichkeit solltest du, wenn du mit den Eltern oder Großeltern zusammen bist, das anziehen, was in ihren Kreisen in ist: Sie freuen sich. Sie sind zufrieden. Die Stimmung in der Gruppe ist freundlich und angenehm.

Damit enthüllt sich das Grundprinzip[2] dieser Angelegenheit und gleichzeitig sein Geheimnis. Erstens: Man kleidet sich dem Anlass entsprechend. Dabei wird dieser Anlass durch die jeweilige Gruppe oder den gesellschaftlichen Rahmen bestimmt – z. B. ein Schulfest, das Theater, Großvaters Jubiläum, Faschingsfeten oder ein Empfang beim Bundespräsidenten. Zweitens: Eine ihnen gefällige Kleidung nimmt andere für uns ein.

1 Etwas Originelles: etwas Besonderes, das neu und anders ist als alles, was es bisher gegeben hat.

2 Grundprinzip: Ein Prinzip ist eine allgemeine Einsicht oder Regel.

Irgendwann wirst du auch merken, wie viel Berechnung in der Art stecken kann, wie sich ein Mensch kleidet: Binde ich mir einen Schlips beim Bewerbungsgespräch um, so hab ich eher Chancen, eingestellt zu werden. Ziehe ich mich zum Geburtstag der Tante schön an, wird sie mir vielleicht etwas zustecken.

Auch wenn du dies alles berücksichtigst, ist es wichtig, dass du deinen eigenen Stil entwickelst. Am besten klappt das so:

Stelle dich vor einen mannshohen Spiegel und betrachte dich gnadenlos. Was steht dir wirklich? Was kannst du dir leisten? Ist Schwarz bei dir wirklich schick, oder siehst du darin aus wie Draculas Enkelkind? Lassen dich Längsstreifen tatsächlich dünner erscheinen, wie es in allen Modezeitschriften steht, oder siehst du dann eher aus wie ein Lattenzaun mit Zwischenräumen? Probiere lieber alles aus und glaube nichts unbesehen. Vertraue keinen angeblichen goldenen Regeln. Registriere lieber, in welchen Sachen du dich so wohl und sicher fühlst, dass du ohne Zögern aufstehen und vor Fremden eine Rede halten könntest.

Das nennt man: seinen eigenen Stil finden. Du wirst nicht ewig beim gleichen Stil bleiben, weil sich dein Körper ändert und auch die Mode. Aber du hast das Prinzip entdeckt, wie du zwischen gehorsamer Anpassung an die Konvention[3] und geflissentlicher[4] Anpassung an deinesgleichen deinen eigenen Weg durch den Modedschungel finden kannst.

3 Konvention: (Benimm-)Regeln, nach denen man in einer Gesellschaft handelt
4 geflissentlich: bemüht, eifrig, fleißig

Den Text verstehen

Aufgabe 1 Im vorletzten Absatz des Textes stehen einige Ratschläge. Suche einen Ratschlag heraus, der sagt, was man tun soll. Suche dann einen zweiten Ratschlag heraus, der sagt, was man nicht tun soll. Schreibe diese Ratschläge auf.

a) ______________________________

b) ______________________________

____

Aufgabe 2 „Was hast du an?“ Bezüglich dieser Frage werden im ersten Absatz des Textes vier Möglichkeiten genannt. Ergänze.
Du hast das an, was …

a) ______________________________

b) ______________________________

c) ______________________________

d) ______________________________

____

Aufgabe 3 Welche grundsätzlichen Fragen musst du dem Text nach für dich klären? Schreibe sie auf.

____

____

____

Aufgabe 4 „Wenn man sich schrill und fetzig anzieht …“ – was dann? Streiche durch, was nicht zum Text passt.

a) Man fällt auf. / Man fällt nicht auf.

b) Man ist originell. / Man ist nicht originell.

c) Man passt sich an. / Man passt sich nicht an.

Aufgabe 5 „Das wäre also nichts als Anpassung an das Unangepasste.“ –
Was ist hier gemeint? Kreuze an.
Man passt sich an das Unangepasste an, wenn man

- ☐ sich kleidet wie die Mehrheit.
- ☐ sich kleidet wie eine Minderheit.
- ☐ sich kleidet, wie es einem gefällt.

Aufgabe 6 Was wird im Text als „Grundprinzip“ (eine Regel, die immer gilt) in der Kleiderfrage bezeichnet, und was als „Geheimnis“? Ordne zu.

a) Man kleidet sich dem Anlass entsprechend.

→ Das ist ein ____________________

b) Eine gefällige Kleidung nimmt andere für uns ein.

→ Das ist ein ____________________

Aufgabe 7 Was bedeutet der Satz: „Eine ihnen gefällige Kleidung nimmt andere für uns ein“? Kreuze an, was am besten passt.

- ☐ Wenn wir anziehen, was anderen gefällt, tun sie alles, was wir wollen.
- ☐ Wenn wir anziehen, was anderen gefällt, mögen sie uns.
- ☐ Andere Leute mögen uns nur dann, wenn wir anziehen, was ihnen gefällt.

Aufgabe 8 „Man kleidet sich dem Anlass entsprechend.“ – Welche Anlässe werden im Text genannt?

a) ____________________

b) ____________________

c) ____________________

d) ____________________

e) ____________________

Aufgabe 9

Im Text wird behauptet, in der Art, wie man sich kleidet, könne auch „viel Berechnung“ stecken. Was bedeutet das? Kreuze an.

- ☐ Man denkt, wenn man sich auf eine bestimmte Art kleidet, kann man etwas dadurch erreichen.
- ☐ Man muss genau berechnen, wie viel Geld man für seine Kleidung ausgeben will.
- ☐ Man muss erreichen, dass andere einem Geld geben, damit man sich hübsch anziehen kann.

Aufgabe 10

Welcher Ratschlag wird im vorletzten Absatz des Textes gegeben?

- ☐ Man sollte sich nach den Ratschlägen der Modezeitschriften richten.
- ☐ Man sollte ausprobieren, ob einem das, was gerade Mode ist, auch steht.
- ☐ Wenn Schwarz in Mode ist, sollte man viel Schwarz tragen.
- ☐ Man sollte möglichst oft gestreifte Sachen anziehen, weil Streifenmuster schlank machen.

Aufgabe 11

Wie kann man prüfen, ob man sich in seiner Kleidung wirklich wohlfühlt? Streiche von den blau gedruckten Wörtern diejenigen durch, die nicht zum Text passen.

Man fragt sich, ob man ohne Zögern **vor Fremden/vor Freunden** eine Rede halten könnte.

Aufgabe 12

Wie könnte der eigene Weg aussehen? Triff für jede Aussage eine Entscheidung. Kreuze an.

Aussage	genauso	teilweise	gar nicht
Man zieht an, was die Freunde anziehen.			
Man zieht an, was gerade Mode ist.			
Man zieht das an, was einem gut steht.			
Man zieht das an, worin man sich wohlfühlt.			

Die Sprache untersuchen

Wortart Konjunktion

- Konjunktionen sind Wörter, die Wortgruppen oder ganze Sätze miteinander verbinden. Deshalb nennt man Konjunktionen auch **Bindewörter.** Am häufigsten wird die Konjunktion **und** verwendet.
  Die Konjunktion **und** verbindet **Wörter, Wortgruppen oder Sätze.**
  Beispiele: Moritz hat neue Jeans **und** ein neues T-Shirt.
  Moritz hat sich über seine neuen Sachen gefreut, **und** er hat sie gleich am nächsten Tag in die Schule angezogen.
- Mit einer Konjunktion kann man deutlich machen, welchen Zusammenhang es zwischen zwei Sätzen gibt.
  Satz 1 und Satz 2 stehen **nacheinander;** das ist wie eine **Aufzählung.**
  Beispiel: Marco hat seine Mathearbeit geschrieben, **und** er hat dabei ein gutes Gefühl gehabt.
  Satz 2 ist eine **Begründung** für Satz 1.
  Beispiel: Marco hat keine Zeit fürs Fußballtraining, **denn** er muss für die Mathearbeit üben.
  Satz 2 steht im **Gegensatz** zu Satz 1.
  Beispiel: Marco würde lieber zum Training gehen, **aber** er muss für die Mathearbeit üben.

Hinweis: Wenn nach einer Konjunktion ein vollständiger Satz folgt, steht in der Regel zwischen beiden Sätzen ein **Komma,** und zwar **vor der Konjunktion.** Ausnahme: Bei der Konjunktion **und** ist kein Komma nötig, auch dann nicht, wenn ein vollständiger Satz folgt. (Ein Komma wäre aber nicht falsch!)

Aufgabe 13 Welcher Zusammenhang besteht zwischen jeweils zwei Sätzen? Trage die passende Konjunktion in die mittlere Spalte ein: „und“ (bei Aufzählungen), „denn“ (bei Begründungen), „aber“ (bei Gegensätzen)

Satz 1		Satz 2
Metina ist ziemlich vergesslich.		Den Geburtstag ihrer Oma hat sie noch nie vergessen.
Bald ist es wieder so weit.		Metina hat auch schon ein schönes Geschenk.
Ein Problem hat sie aber noch.		Sie weiß nicht, was sie zur Geburtstagsfeier anziehen soll.
Sie hat zwar ein superschickes neues Top.		Ihr schwarzer Minirock würde auch perfekt dazu passen.

Das würde sie gern kombinieren.		Sie ist sich noch nicht ganz sicher.
Das Top ist nämlich auf einer Seite schulterfrei.		Es ist auch bauchfrei.
Metina kennt ihre Großmutter.		Sie weiß, dass Oma die bauchfreie Mode nicht mag.
Metina hat sich auch noch kein Piercing machen lassen.		Sie wollte ihre Oma nicht verärgern.
Oma ist eigentlich ganz modern.		Mit ihrer Digitalkamera ist sie auch technisch auf dem neuesten Stand.
Manchmal hört sie sogar die gleiche Musik wie Metina.		Einige Moden lehnt sie ab – die bauchfreie Mode zum Beispiel.
Vielleicht sollte Metina doch nicht das bauchfreie Top anziehen.		Sie will ihre Oma ja nicht ärgern.
Zur Probe holt sie ihr braves Kleid aus dem Schrank.		Das mochte Oma immer so gern leiden.
Sie zieht das Kleid an.		Sie betrachtet sich damit im Spiegel.
Sie muss laut lachen.		Das Kleid passt ihr nicht mehr.

Aufgabe 14

Im Text unten werden die Konjunktionen „und“, „denn“ und „aber“ falsch verwendet. Schreibe den Text in dein Heft und setze die Konjunktionen richtig ein.

Mofa statt Markenklamotten

Max trägt keine Markenkleidung. Aber er will sein Geld nicht für teure Kleidung ausgeben. Er spart möglichst viel Geld. Aber er möchte sich mit 16 ein Mofa kaufen. Er findet ein Mofa praktisch. Und er hat einen weiten Schulweg. Und seine Eltern sind dagegen, dass er sich ein Mofa kauft. Aber sie finden Mofafahren gefährlich. Sie wollen, dass er weiter mit dem Bus zur Schule fährt. Und sie haben Angst, dass Max mit dem Mofa einen Unfall hat. Max möchte unbedingt ein Mofa haben. Denn seine Eltern sollen sich keine Sorgen machen. Er will ihnen versprechen, immer ganz vorsichtig zu fahren. Aber er glaubt, dass sie dann beruhigt sind.

Richtig schreiben

Groß- und Kleinschreibung: Großschreibesignal „haben“

Wenn in einem Satz das Verb **haben** vorkommt, ist das oft ein Signal dafür, dass bald darauf ein Nomen folgt. Mit einem Nomen werden Lebewesen oder Dinge bezeichnet. Für diese gilt: Man kann sie **besitzen,** also **haben.**

Beispiele: Mein Vater **hat** ein **Auto.** – Meine Mutter **hat** ein **neues Kleid.** – Die Nachbarn **haben** viel **Geld.**

Das gilt auch für Dinge, die man nur **denken** oder **fühlen** kann.

Beispiele: Ich **habe Angst.** – Mareike **hat Hunger.** – Sinje **hat** aber **Mut.**

Hinweis: Das Verb **haben** ist auch dann ein Großschreibesignal, wenn gesagt wird, dass jemand etwas **nicht** hat.

Beispiele: Ich **habe keine Angst.** – Mareike **hat keinen Hunger.**

Aufgabe 15 Korrigiere in den folgenden Sätzen die Fehler. Verfahre so:

- Unterstreiche die Verbform von „haben“.
- Streiche die falsch geschriebenen Wörter durch.
- Schreibe die Wörter richtig daneben.

a) Claudius hatte gestern geburtstag. ____________________

b) Irina hat oft ärger mit ihren Eltern. ____________________

c) Warum hast du eigentlich noch kein handy? ____________________

d) Unser Klassensprecher hat oft gute ideen. ____________________

e) Mein kleiner Bruder hat immer noch angst vor großen Hunden. __________

f) Viele Bürger haben wenig vertrauen in die Politik. ____________________

g) Stefan hat ein autogramm von Michael Schumacher. ____________________

h) Viele Rentner behaupten, sie hätten überhaupt keine zeit. ______________

i) Unsere Lehrerin hat viele bücher. ____________________

Aufgabe 16 Was hast du? Was hast du nicht? Schreibe je fünf Sätze.

Ich habe ...	Ich habe kein/keine/keinen ...

Groß- und Kleinschreibung: Sonderfälle

Wenn man weiß, dass das Verb **haben** ein **Großschreibesignal** ist, beherrscht man die Groß- und Kleinschreibung auch in kniffligen Fällen. Es gibt nämlich Wörter, die manchmal groß- und manchmal kleingeschrieben werden. Solche Wörter sind **Schuld/schuld, Wert/wert, Ernst/ernst** und **Recht/recht.**

- Großgeschrieben werden diese Wörter meistens, wenn sich das Verb **haben** auf sie bezieht.
  Beispiele: Das hat keinen **Wert.** – Ingo hat **Schuld.**
  Großgeschrieben werden diese Wörter auch dann, wenn sie in Verbindung mit einem **Possessivpronomen** stehen. (Wenn jemand etwas **hat,** dann ist es **sein Besitz.)**
  Auch wenn sie zusammen mit einem **Artikel** gebraucht werden, werden diese Wörter großgeschrieben.
  Beispiele: Das ist **dein** gutes **Recht.** – Kennst du **den Wert** dieses Schmuckstücks? – Das ist **seine** (Ingos) **Schuld.**
- Kleingeschrieben werden diese Wörter immer dann, wenn sich das Verb **sein** auf sie bezieht.
  Beispiele: Das ist **recht** (= richtig, in Ordnung). – Das ist nichts **wert.** – Ingo ist **schuld** (= schuldig).

Aufgabe 17 Streiche in jedem Satz die falsche Schreibweise durch.

a) Das war Betrug. Dieser Ring ist nichts **wert/Wert.**

b) Dass du die Verabredung nicht einhalten kannst, ist mir **recht/Recht.** Ich habe sowieso keine Zeit.

c) Mein Wecker ist **schuld/Schuld** daran, dass ich zu spät komme; er hat nicht geklingelt.

d) Viele Aktien sind heutzutage fast nichts mehr **wert/Wert.**

e) Die Bilder von Picasso haben einen hohen **wert/Wert.**

f) Meine Eltern behaupten, ich würde nicht genügend für die Schule arbeiten. Das ist nicht **recht/Recht** von ihnen.

g) Der Fahrer hat auf der Autobahn gedrängelt. Er ist **schuld/Schuld** an dem Unfall.

h) Du sagst, dass du Markenkleidung hässlich findest. Ist das dein **ernst/Ernst?**

i) Dass du das Päckchen noch nicht bekommen hast, ist nicht meine **schuld/Schuld.** Ich habe es rechtzeitig zur Post gebracht.

Groß- und Kleinschreibung: Farbwörter

- Normalerweise sind Farbwörter **Adjektive.** Dann schreibt man sie **klein.**
  Beispiele: Christophs Augen sind **braun.** – Monikas Hose ist **weiß.** – Unser Auto ist **dunkelgrau.**
- Manchmal schreibt man Farbwörter aber **groß.** Das ist immer dann der Fall, wenn ein Farbwort in einem Satz als **Nomen gebraucht** wird.
  Beispiele: Für viele Menschen ist **Blau** eine schöne Farbe. – Bei **Rot** muss man anhalten. – Ich finde, **Schwarz** steht dir gut.

Ob ein Farbwort als Adjektiv oder als Nomen gebraucht wird, kann man so prüfen:

- Wenn man nach dem Farbwort mit „Wie …?" fragt, handelt es sich um ein Adjektiv. Dann schreibt man es klein. (Wie sind Stefans Augen? – Sie sind **braun.)**
- Wenn man nach dem Farbwort mit „Was …?" fragt, handelt es sich um ein Nomen. Dann schreibt man es groß. (Was ist für viele Menschen eine schöne Farbe? **Blau.)**

Aufgabe 18 Schreibt man das Farbwort groß oder klein? Trage richtig ein.

a) Der Rasen sieht überhaupt nicht mehr ______________ aus. (GRÜN) Er ist ganz ______________ geworden. (GELB) Das liegt an der Trockenheit.

b) Warum gehst du nicht los? Bei ____________ kann man doch gehen! (GRÜN)

c) Bist du sicher, dass dieses ______________ dir gut steht? (BLAU)

d) Eva sieht aus wie Draculas Enkelkind. Die Kleider, die sie trägt, sind immer ______________. (SCHWARZ)

e) Die Wände sind nicht mehr richtig ______________. (WEIß) Wir müssen sie wohl mal wieder streichen.

f) Neuerdings ist ______________ wieder in Mode. (GELB)

g) Die Lehrer korrigieren unsere Fehler mit ________________. (ROT)

h) Dein Pullover hat eine hübsche Farbe. Ein solches ____________ sieht man selten. (GRÜN)

i) In welcher Farbe wollen wir das neue Auto bestellen? – Ich finde ______ ________________ am besten. (DUNKELBLAU)

Sich schriftlich äußern

Aufgabe 19 Beantworte den folgenden Brief, den ein 13-jähriger Junge an eine Jugendzeitschrift geschrieben hat.
Gehe dabei so vor:

- Stelle das Problem zunächst noch einmal mit eigenen Worten dar. Dann weiß der 13-Jährige, ob er von dir überhaupt richtig verstanden wurde.
- Nenne als Nächstes mehrere Möglichkeiten, mit dem Problem umzugehen.
- Am Schluss sagst du, welche Möglichkeit du für die beste hältst. Du solltest auch sagen, warum du diese Möglichkeit am besten findest.

Hinweis: Ratschläge sind natürlich keine Vorschriften und auch keine Befehle. Sie sind eher wie gut gemeinte Vorschläge. So solltest du sie auch formulieren, z. B.: „Du könntest vielleicht …" „Was hältst du davon, wenn du …?" –

Sehr geehrter Herr Rat,
in letzter Zeit fühle ich mich gar nicht mehr wohl in der Schule. Seit Anfang des Schuljahres ist ein neuer Mitschüler in unserer Klasse. Er hält sich für total cool, weil er immer die tollsten Markenklamotten anhat. Über die Mitschüler, die keine Markenklamotten anhaben, lästert er, über mich lästert er auch. Jeden Morgen, wenn ich zur Schule gehe, frage ich mich schon im Voraus: „Na, was wird Marek diesmal für einen Spruch loslassen?" Ich kann mich kaum noch auf den Unterricht konzentrieren, weil ich immer Angst vor Mareks bösen Bemerkungen habe. Wahrscheinlich werde ich in einigen Fächern richtig absacken, weil ich gar nicht mehr aufpasse. Was soll ich bloß tun? Ich hoffe, Sie wissen Rat für mich.

Sebastian M. (13)

P.S.: Marek ist ein ziemlich schlechter Schüler. Aber ich war bisher immer ganz gut in der Schule!

Kapitel 5: Gustav hat abgeschrieben

ERICH KÄSTNER: Gustav hat abgeschrieben

Gustav hatte von Leo abgeschrieben. Während der Rechenarbeit. – Das wäre vielleicht nicht weiter aufgefallen, wenn Leos Lösungen richtig gewesen wären. Sie waren aber falsch: 3498:179 war bei Leo seltsamerweise 199,99! Und Gustav, der beim Rechnen nur das Abschreiben beherrschte, hatte, selbstverständlich, auch 199,99 herausbekommen. Genau wie Leo.

Lehrer H. merkte den Schwindel beim Hefte-Korrigieren. Und die Sache wäre glimpflich[1] abgelaufen, wenn Gustav sein Vergehen zugegeben hätte. Er log aber und behauptete steif und fest, er habe nicht abgeschrieben. Er war sogar so unanständig und ungezogen, zu erklären: Vielleicht habe Leo von ihm gespickt! – Lehrer H. fragte nun Leo, wie sich die Sache verhalte. Leo sagte, er habe nicht abgeschrieben. Weiter war aus ihm nichts herauszubringen. Natürlich wusste er, dass Gustav gelogen und dass er während der Arbeit sein Heft zu sich herübergezogen hatte. Das wollte er aber nicht gestehen.

Der Lehrer versuchte es auf jede Weise, doch Leo schwieg. Da sagte Herr H.: „Ich gebe dir bis morgen Bedenkzeit. Wenn du dann noch immer nichts gesagt hast, werden wir weitersehen!" Und als er das Klassenzimmer verließ, war er recht ärgerlich. – Gustav versammelte die ganze Klasse um sich, packte Leo drohend an der Jacke und sagte: „Wenn du mich verrätst, kannst du was erleben." Und Arthur rief: „Wenn er es verrät, ist er ein Feigling!" Und die meisten gaben ihm recht.

Könnt ihr begreifen, wie es Leo zumute war? Wenn er zu Gustav hielt, war er ein Lügner; und er wusste, dass es nichts Hässlicheres und Ehrloseres gibt als die Lüge. Wenn er aber Gustav beim Lehrer angab, hielten ihn die andern für einen feigen Kerl und Verräter; und nie würden sie glauben, er täte es aus Wahrheitsliebe, sondern, um sich bei Herrn H. einzukratzen. Und aus Angst vor Strafe. – Ganz Unrecht hätten sie dabei nicht einmal gehabt: Leo hatte wirklich Angst! Er fürchtete, wenn er schwiege, würde er einen Brief nach Hause mitbekommen, in dem dann stünde, dass er ein Lügner sei. Und das durfte niemals geschehen! Denn Leos Mutter war krank und hatte außer ihrem Jungen nichts auf der Welt. Also (...), könnt ihr begreifen, wie es Leo zumute war? – Er briet zu Hause Kartoffeln und Spiegeleier, trug die Mahlzeit ans Bett der Mutter und aß mit ihr. (...) Er kochte gern, weil er's für die Mutter tat. Und

1 glimpflich: harmlos, nicht weiter schlimm

das Essen verstand er auch nicht schlecht! Aber heute schmeckte es ihm nicht. Die Mutter merkte, dass etwas nicht in Ordnung war, und fragte ihn. Aber er tat lustig, um sie nicht aufzuregen, und bat gar, ein bisschen auf den Spielplatz gehen zu dürfen. (...)

Da stand er dann auf dem Spielplatz und machte sich schwere Gedanken. Gab es wirklich keinen Ausweg? Musste er wählen, ob er ein Lügner oder ein Verräter werden wollte? Blieb nichts Drittes übrig? (...)

Leo schlief an diesem Abend nicht ein. Er warf sich im Bett herum, genau wie die Gedanken im Kopf. Dann lag er wieder lange, lange still, dass die Mutter nichts weiter merkte. – Schließlich nahm er sich fest vor, dem Lehrer nichts zu sagen – komme, was wolle! Er konnte die bloße Vorstellung einfach nicht ertragen, für feig gehalten zu werden.

Am Morgen drauf hatte Leo das erste Mal richtige Furcht vor der Schule. Am liebsten wäre er auf der Stelle krank geworden! Aber dann nahm er sich zusammen und ging doch.

Gustav sah ihn böse an. Die andern taten fast alle, als wäre er Luft. Und Lehrer H. hatte, obwohl er nicht über die Sache sprach, etwas im Blick, was ihn traurig machte. Leo fror. Und blass sah er aus. Zum Erbarmen.

Am Schluss der letzten Stunde behielt der Lehrer die Klasse zurück, rief Leo auf und sagte: „Nun schieß mal los!“ Leo stand auf und schwieg. – Herr H. ging zwischen den Bänken hin und her, blieb schließlich bei Arthur, wie zufällig, stehen und meinte: „Wenn du nun, statt Leo, mit Gustav zusammensäßest, ließest du Gustav von dir abschreiben?“ Arthur sagte: „Ich bin doch im Rechnen noch schlechter als Gustav!“ Erst mussten alle lachen, dann fragte der Lehrer weiter: „Hältst du das Mutigsein für etwas Schönes? Ja? – Würdest du, an Gustavs Stelle, mutiger sein? Denn Gustav ist doch feig, nicht wahr?“ Da sprang aber Gustav auf: „Ich bin nicht feig!“ – „Doch, doch, Gustav“, sagte der Lehrer H., „du bist sogar sehr feig. Und Leo ist tapfer. Ich werde von heute ab ...“ „Ich habe abgeschrieben, Herr H.“, sagte Gustav eilig, „abgeschrieben habe ich. Aber feig bin ich nicht.“ – „Na, das ist wenigstens etwas“, meinte der Lehrer, „doch du musst auch noch fleißig werden und zu stolz, den Nachbarn zu bestehlen.“ Dann klopfte Herr H. Leo auf die Schulter und setzte Gustav auf eine Bank ganz für sich allein.

Den Text verstehen

Aufgabe 1 Es wird von Anfang an als Tatsache dargestellt, dass es Gustav war, der von Leo abgeschrieben hat. Unterstreiche den Satz, in dem das zum Ausdruck kommt.

Aufgabe 2 a) Die Mathematikaufgabe lautet: 3498:179 = ? Was könnte bei einer solchen Aufgabe ungefähr herauskommen? Kreuze an.

☐ 20 ☐ 200 ☐ 2 000

b) Nimm jetzt einen Taschenrechner und berechne das genaue Ergebnis.
3498 : 179 = ______________

Aufgabe 3 Warum ist es selbstverständlich, dass Gustav 199,99 als Ergebnis herausbekommen hat? Erkläre.

____

____

Aufgabe 4 Wie hat der Lehrer den Schwindel entdeckt? Er hat doch nichts gesehen! Erkläre.

____

____

____

Aufgabe 5 Für wie streng hältst du den Lehrer? Unterstreiche im zweiten Absatz eine Textstelle, die einen Hinweis darauf gibt. Triff dann deine Entscheidung.

☐ Er ist sehr streng.
☐ Er ist ziemlich streng.
☐ Er kann nicht so streng sein.

Aufgabe 6 Welche zwei Adjektive verwendet der Erzähler im zweiten Absatz, um Gustavs Verhalten zu bewerten? Schreibe sie heraus.

Er bezeichnet Gustav als ______________ und als ______________

Aufgabe 7 Von welchem der beiden Jungen ist die Rede? Trage die Namen ein.

a) ______________________ gibt nicht zu, dass er von __________________ abgeschrieben hat.

b) __________________ bestreitet, dass er abgeschrieben hat.

c) ____________________ beschuldigt ____________________, von ihm abgeschrieben zu haben.

d) ___________________ beschuldigt ____________________ nicht, von ihm abgeschrieben zu haben.

e) __________________ weiß, dass __________________ gelogen hat.

Aufgabe 8 Wie fühlt sich Leo? Wie fühlt sich Gustav? Kreuze an.

So fühlt sich **Leo:**	So fühlt sich **Gustav:**
☐ Er fühlt sich eher gut.	☐ Er fühlt sich eher gut.
☐ Er fühlt sich eher schlecht.	☐ Er fühlt sich eher schlecht.
☐ Man weiß es nicht.	☐ Man weiß es nicht.

Aufgabe 9 In welchem Konflikt steckt Leo? Ergänze, was fehlt.

a) Wenn er dem Lehrer sagt, dass Gustav abgeschrieben hat, ist er für die Mitschüler ein ______________________ und ein __________________________

b) Wenn er weiter schweigt, glaubt er, ein ______________________ zu sein.

Aufgabe 10 Was meint Gustav, wenn er zu Leo sagt: „Wenn du mich verrätst, kannst du was erleben“? Schreibe auf, was Gustav sich denken könnte.

Aufgabe 11 Wovor hat Leo Angst? Kreuze an.
Er denkt:

☐ Der Lehrer wird mich bestrafen.
☐ Die Mutter wird mich bestrafen.
☐ Die Mutter wird sich aufregen.

Aufgabe 12 Wie krank ist Leos Mutter? Kreuze an, was stimmen könnte. Begründe deine Entscheidung anschließend.

☐ Sie hat vielleicht eine Grippe.
☐ Sie ist wahrscheinlich ernsthaft krank.

Begründung: ____

____

Aufgabe 13 Woran merkt die Mutter, dass etwas nicht in Ordnung ist? Ergänze den gegebenen Satzanfang.

Ihr fällt auf, dass Leo ____________________________________

Aufgabe 14 Was für Gedanken quälen Leo in der Nacht? Trage zwei seiner möglichen Gedanken in die Denkblasen ein.

Aufgabe 15 Was bedeutet es, wenn Gustav Leo am nächsten Morgen böse anguckt? Füge ein passendes Wort ein.

Das ist als ______________________ zu verstehen.

Aufgabe 16 „Die anderen taten fast alle, als wäre er [Leo] Luft“. Was bedeutet das? Erkläre.

____

____

Aufgabe 17 Welche Mathematiknoten könnten Leo, Gustav und Arthur haben? Schätze!

a) Leo könnte eine ____ haben.

b) Gustav könnte eine ____ haben.

c) Arthur könnte eine ____ haben.

Aufgabe 18 Begründe deine Einschätzung so:

- Streiche von den blau gedruckten Wörtern jeweils das falsche durch.
- Ergänze, was fehlt.

a) Leo kann nicht besonders **gut/schlecht** in Mathematik sein, weil ______

____

b) Gustav ist mit Sicherheit **besser/schlechter** als Leo, weil ______

____

c) Arthur ist mit Sicherheit **besser/schlechter** als Gustav, weil ______

____

____

d) Der Schlechteste ist also ______

Aufgabe 19 Welche Eigenschaften passen zu Gustav, welche zu Leo? Kreuze an.

Passt zu Leo	Eigenschaft	Passt zu Gustav
	kameradschaftlich	
	gemein	
	ehrlich	

Passt zu Leo	Eigenschaft	Passt zu Gustav
	unehrlich	
	undankbar	
	mutig	
	feige	
	ängstlich	
	hilfsbereit	
	egoistisch	
	unfair	
	freundlich	
	unfreundlich	
	einfühlsam	
	gefühllos	

Aufgabe 20 Wie gefallen dir Leo und Gustav? Bewerte die beiden Jungen mit einer Schulnote (1: sehr gut bis 6: sehr schlecht).

Leo ____________ Gustav ____________

Aufgabe 21

a) Wie sieht der Lehrer Leo und Gustav? Kreuze an.

- ☐ Er mag Gustav lieber als Leo.
- ☐ Er mag Leo lieber als Gustav.
- ☐ Er mag beide gleich gern.
- ☐ Er mag keinen von beiden.

b) Woran kannst du das erkennen? Begründe!

____

____

____

____

Die Sprache untersuchen

Der Satz: Subjekt und Prädikat
Jeder Satz besteht aus mehreren „Bausteinen". Der wichtigste „Baustein" in einem Satz ist das **Prädikat.** Das Prädikat sagt aus, was jemand (oder etwas) **tut.**
Ein zweiter wichtiger „Baustein" ist das **Subjekt,** denn das Subjekt gibt Auskunft darüber, wer (oder was) **handelt.**

Jeder Satz besteht mindestens aus einem Prädikat und dem zugehörigen Subjekt.
Beispiele: Der Lehrer fragt.
Die Schüler antworten.
Das Telefon klingelt.
Ich lese.

Aufgabe 22 Mache aus den Prädikaten in der Tabelle vollständige Sätze. Ergänze die fehlenden Subjekte. Orientiere dich an der Erzählung „Gustav hat abgeschrieben". Die Wörter/Wortgruppen aus dem Kasten kommen als Subjekte infrage:

Leo, Gustav, einige Mitschüler, der Lehrer

Du musst also für jede Zeile überlegen: Wer ist es, der das getan hat? Trage die richtigen Subjekte in die linke Spalte ein.

Subjekt: Wer (oder was?)	Prädikat: Was tut …?
	hatte abgeschrieben
	fragte
	log
	schwieg
	drohte
	grübelte
	lachten
	sprang auf
	gestand

Der Satz: Objekt und Adverbial

Wenn ein Satz nur aus einem Prädikat und dem zugehörigen Subjekt besteht, erfährt man ziemlich wenig über das, was getan wird. Deshalb gibt es meist noch weitere „Bausteine“ (Satzglieder). Ein wichtiges Satzglied ist das **Objekt.** Das Objekt gibt Auskunft darüber, mit wem (oder für wen) etwas getan wird. Bei manchen Verben ist ein Objekt sogar notwendig, sonst versteht man den Sinn nicht.

Beispiel: Rita gibt.
Diesen Satz versteht man so nicht. Man will noch wissen: **Wem** gibt Rita **was?** Also muss man noch zwei Objekte ergänzen. Dann könnte der Satz so aussehen: Rita gibt **ihrer Mutter einen Kuss.**

Häufig möchte man auch noch mehr wissen, z. B. **wann** etwas getan wird, **wo** es getan wird, **warum** es getan wird, **wie** es getan wird … Dann müssen noch ein oder mehrere **Adverbiale** hinzugefügt werden.

Beispiel: Rita gab ihrer Mutter **an ihrem Geburtstag vor lauter Freude über das schöne Geschenk** einen Kuss.

Aufgabe 23

Ergänze bei den folgenden Sätzen mindestens ein Objekt oder ein Adverbial. (Wenn möglich, solltest du beides hinzufügen). Orientiere dich wieder an der Erzählung „Gustav hat abgeschrieben“.

Mögliche Objekte sind:

große Sorgen, eine kranke Mutter, seine Mutter, sie, die beiden Jungen, den Lehrer, ziemlich schlaue Fragen, den Schwindel, seine Missetat, das Essen, Arthur

Mögliche Adverbiale sind:

beharrlich, maßlos, auf jede Weise, am Nachmittag, am Ende, beim Heftekorrigieren, nach der Schule, an ihr Bett, am nächsten Tag, zu Hause, sehr

a) Der Lehrer bemerkte ______________________________

b) Er befragte ______________________________

c) Doch die beiden schwiegen ______________________________

d) Dieses Verhalten ärgerte ______________________________

e) Leo hatte ______________________________

f) Er liebte ______________________________

g) Er bekochte ______________________________

h) Er trug ______________________________

i) Leo machte sich ______________________________

j) Der Lehrer befragte ______________________________

k) Er stellte ______________________________

l) Gustav gestand ______________________________

Der Satz: Die Reihenfolge der Satzglieder

Die Satzglieder müssen **nicht immer** in der **üblichen Reihenfolge** stehen: Subjekt, Prädikat, Objekt, Adverbial.

Ein Adverbial kann auch am **Satzanfang** oder in der **Mitte** eines Satzes stehen. Auch das Objekt kann an unterschiedlichen Stellen stehen. Wenn man die Reihenfolge der Satzglieder in den einzelnen Sätzen abwechselt, kann man seine Texte viel interessanter gestalten.

Man kann dann auch besser zum Ausdruck bringen, was man für wichtig hält:

Das **Wichtigste** kommt am besten **ganz nach vorn.**

Beispiele: **Beim Heftekorrigieren** bemerkte der Lehrer den Schwindel.
(Hier ist am wichtigsten, **wann** der Lehrer den Schwindel bemerkt: beim Hefte-Korrigieren.)

Um seine kranke Mutter machte sich Leo große Sorgen.
(Hier ist am wichtigsten, dass es um die kranke Mutter geht.)

Aufgabe 24 Schreibe die Sätze von Aufgabe 23 in dein Heft. Verändere bei fünf Sätzen die Reihenfolge der Satzglieder.

Richtig schreiben

Zeichensetzung zwischen Sätzen
Wenn ein **Satz zu Ende** ist, setzt man in der Regel einen **Punkt.**
Ausnahmen: **Fragesätze** werden mit einem **Fragezeichen** beendet, und **Ausrufesätze** (oder Befehlssätze) mit einem **Ausrufezeichen.**

Woran erkennt man nun, wann ein Satz zu Ende ist? Ganz einfach: Ein Satz ist immer dann zu Ende, wenn ein neues Subjekt und ein neues Prädikat kommen. Das ist nämlich ein Zeichen dafür, dass ein neuer Satz beginnt.
Beispiel: Der Lehrer befragte die beiden Jungen**. Sie** (→ neues Subjekt) **schwiegen** (→ neues Prädikat) beharrlich.

Aufgabe 25

Im Folgenden liest du immer zwei Sätze. Wo ist der erste Satz zu Ende, und wo fängt der zweite Satz an? Verfahre so:

- Unterstreiche die Subjekte mit Schwarz und die Prädikate mit Blau.
- Markiere die Grenze zwischen beiden Sätzen mit /.
- Korrigiere die Rechtschreibung (Großschreibung am Satzanfang!).
- Schreibe die korrigierten Sätze sauber in dein Heft.

Hinweis: Das Subjekt muss nicht immer am Satzanfang stehen! Überlege also sehr genau, wo jeweils die Grenze zwischen den beiden Sätzen ist.

a) Bei Klassenarbeiten schreiben immer einige Schüler ab sie wollen unbedingt eine gute Note bekommen.

b) Eigentlich sollte man ja im Unterricht aufpassen auch sollte man regelmäßig seine Hausaufgaben erledigen.

c) Aber manche Schüler passen nicht auf ihre Hausaufgaben machen sie auch nicht immer.

d) Am Ende nützt auch fleißiges Üben nicht mehr diese Schüler haben bei den Klassenarbeiten natürlich ein Problem.

e) Erst schauen sie ratlos die Aufgaben an in ihrer Not schreiben sie dann einfach die Lösungen vom Nachbarn ab.

f) Aufmerksame Lehrer merken das aber sie nehmen den Übeltätern vorzeitig die Hefte weg.

Getrennt oder zusammen?
In folgenden Fällen schreibt man Wörter fast immer getrennt voneinander:

- **Erst** kommt ein **Nomen, dann** ein **Verb.**
  Beispiele: Essen kochen, Auto fahren, Milch kaufen
- **Erst** kommt ein **Adjektiv, dann** ein **Verb.**
  Beispiele: wild spielen, laut schnarchen, schnell laufen
- **Erst** kommt ein **Verb, dann** noch ein **Verb.**
  Beispiele: ausreden lassen, wissen wollen, spazieren gehen

Aufgabe 26 Trage in die linke Spalte jeweils ein Nomen ein, das zu dem Verb passt. Du kannst aus dem Kasten auswählen.

Alarm, Angst, Aufsehen, Auto, Ball, Erholung, Geld, Glück, Hilfe, Kaffee, Kuchen, Mut, Not, Pech, Rat, Ruhe, Schlange, Schlittschuh

a) ________ kochen	b) ________ bringen
c) ________ erregen	d) ________ fahren
e) ________ finden	f) ________ haben
g) ________ geben	h) ________ holen
i) ________ kriegen	j) ________ leiden
k) ________ machen	l) ________ schlagen
m) ________ spielen	n) ________ stehen
o) ________ backen	p) ________ suchen
q) ________ leisten	r) ________ essen

Aufgabe 27 Füge in den folgenden Sätzen ein passendes Adjektiv ein. Du kannst aus den Adjektiven im Kasten auswählen.

auswendig, ernst, geheim, langsam, leise, ordentlich, reibungslos

a) Die Musik ist sehr laut. Du solltest das Radio ____________ stellen.

b) Deine Schrift ist kaum zu entziffern. Kannst du nicht ____________ schreiben?

c) Wir haben eine schwierige Hausaufgabe auf. Wir müssen ein Gedicht ____________ lernen.

d) Der Plan ist richtig schlau. Aber wir sollten ihn besser ____________ halten.

e) Was du vorhast, ist nicht einfach. Ich hoffe, dass alles ____________ klappt.

f) Wir fahren nach England? Das glaube ich nicht! Ob der Lehrer das wirklich ____________ meint?

g) Ihr habt aber ____________ gearbeitet! Warum seid ihr nicht fertig?

Aufgabe 28 Füge die fehlenden Verben ein. Wähle aus dem Kasten diejenigen aus, die am besten passen.

aufräumen, ausreden, einkaufen, liegen, schlafen, sitzen, spazieren

a) Es ist schon spät. Müssen wir nicht noch ____________ gehen?

b) Warum redest du immer dazwischen? Kannst du mich nicht ____________ lassen?

c) Es ist so unordentlich, dass wir wohl mal wieder ____________ müssen.

d) Meinetwegen brauchst du nicht aufzustehen. Du kannst ____________ bleiben.

e) Unsere Eltern sind noch müde. Wir sollten sie ____________ lassen.

f) Das Wetter ist gut. Wollen wir nicht ____________ gehen?

Sich schriftlich äußern

Eine Umfrage durchführen

Mit einer Umfrage kann man herausfinden, wie andere über ein Thema denken. Gehe so vor:

- Überlege dir zu dem Thema **Fragen.**
- Lege diese Fragen **einigen Personen** vor (oder stelle ihnen die Fragen mündlich; dann muss du dir die Antworten notieren.)
- Werte die Antworten aus: Versuche herauszufinden, was die **meisten** Befragten denken.

Wenn du die **Ergebnisse schriftlich festhalten** willst, schreibst du anschließend auf, was du herausgefunden hast, am besten in dieser Reihenfolge:

1. Um welches Thema ging es? Was sollte herausgefunden werden?
2. Wer wurde befragt?
3. Was haben die meisten Befragten für eine Meinung geäußert?
4. Gab es auch abweichende Meinungen?

Aufgabe 29 Führe eine Umfrage zu diesem Thema durch: „Abschreiben bei Klassenarbeiten"

Befrage insgesamt zwanzig Schülerinnen und Schüler aus deiner Schule. Mache dir Notizen zu ihren Antworten. Schreibe anschließend dein Ergebnis auf.

- Wie oft schreiben deine Mitschüler ab?
- Warum schreiben sie ab? (Oder auch: warum nicht?)
- Wie bewerten sie das Abschreiben: Finden sie es gut oder schlecht?

Hinweis: Die Umfrage lässt sich leicht durchführen, wenn du die Fragen so aufschreibst, dass du nur noch Striche machen musst, um die Antworten zu notieren. Gib dann bei jeder Frage mehrere Antworten zur Auswahl vor – z. B. so:

FRAGEBOGEN

1. Wie oft schreibst du bei Klassenarbeiten ab?

regelmäßig	manchmal	selten	nie
IIII	~~IIII~~ IIII	~~IIII~~ I	II

2. Warum schreibst du ab?

für gute Noten	aus Angst	faul gewesen	nichts verstanden

3. Wie findest du Abschreiben?

gut	schlecht	verständlich	egal

Wenn du das Ergebnis aufschreibst, verwende vollständige Sätze!

Fast alle Schüler in unserer Schule haben schon einmal abgeschrieben. Das habe ich durch eine Umfrage herausgefunden …

Kapitel 6: Ein ganz einfacher Trick

Silke Senftleben: Ein ganz einfacher Trick

Wie wäre ich so gern in den Zirkus Roncalli gegangen, einmalige Nachmittagsvorstellung zu ermäßigten Preisen – aber nichts da!

„Morgen schreibt ihr Mathe", sagte meine Mutter, „und da wird vorher noch mal geübt! Glaubst du vielleicht, du könntest dir wieder so eine Arbeit leisten wie die letzte?"

Wenn meine Mutter „Glaubst du vielleicht" sagt, hilft kein Widerspruch. Trotzdem versuchte ich es: „Ich könnte doch ..."

„Wenn die Arbeit anständig ausfällt, können wir ja drüber reden!"

„Aber dann ist der Zirkus doch längst weg!"

„In ein paar Monaten kommt der nächste Zirkus."

„Aber doch nicht der Zirkus Roncalli!"

„Der kommt auch mal wieder. Und jetzt Schluss!"

So sind die Erwachsenen. Wenn sie nicht weiterwissen, heißt es: Schluss jetzt!

Dabei hatte ich etwas sehr Vernünftiges sagen wollen, nämlich: Ich könnte doch mit Evi zusammen üben.

Evi ist nämlich meine Freundin, sie ist gut in Mathe, und, das hätte ich natürlich nicht gleich gesagt, sie wollte auch brennend gern in den Zirkus. Mein Plan war ganz einfach. Evi sollte sagen, sie ginge zu mir, ich wollte sagen, ich ginge zu Evi, sämtliche Eltern wären beruhigt, und hinterher hätten wir immer noch üben können, wenigstens ein bisschen – wenn der Zirkus nicht zu lange dauerte. Aber so? Ich legte gerade mein Gesicht in die erforderlichen Motzfalten, da klingelte das Telefon. Evi. „Ich geb dir Marion", sagte meine Mutter, aber sie behielt den Hörer in der Hand und machte ihr freundlichstes Gesicht. „Du, das find ich großartig, also wirklich. Komm doch rüber, dann könnt ihr ..."

Kurz und gut, Evi hatte angeboten, mit mir Mathe zu üben. Allein mache das ja doch keinen Spaß; und es war ihr sogar gelungen, meiner Mutter klarzumachen, dass wir besser bei Schröders übten als bei uns. Weil wir dann alle richtigen Lösungen gleich in Evis Heften finden könnten.

Alles Angabe, aber es wirkte.

„Großartiges Mädchen", sagte meine Mutter, und vor lauter Bewunderung vergaß sie sogar, sie mir als Vorbild zu empfehlen. Ich durfte also meine Sachen zusammensuchen, und ab ging's zu Schröders. Ecke Bachfeldstraße fing Evi mich ab. „Hat doch prima geklappt", sagte sie, und als ich ein bisschen blöd glotzte, zeigte sie auf ihren Bücherpacken. „Ich habe zu Hause natürlich erzählt, ich ginge zu dir! Verstehst du jetzt endlich?"

Was soll ich lange erzählen? Wir gingen in den Zirkus, und es war ganz toll! Erzähl ich dir ein andermal. In der Pause waren wir bei den Tieren, und am Schluss gab es noch eine Zugabe, weil doch die Kinder so schön klatschten, und noch eine und noch eine.

Ich kam also ziemlich spät heim, und meine Mutter schien nichts gemerkt zu haben. Sie klopfte mir auf die Stirn und sagte: „Na, alles klar da drin?"

„Aber natürlich!", sagte ich, was hätte ich denn sonst sagen sollen?

„Ihr wart ja ewig beschäftigt", ging es weiter, „war es so schwierig? Beinahe hätte ich bei Schröders angerufen …"

Ich dachte, mein Herz setzt aus.

„… aber dann dachte ich, wenn die Kinder so fleißig sind, sollte man sie nicht stören. Ihr wart doch fleißig?"

Ich schnappte nach Luft, aber noch ehe ich etwas stottern konnte, schwätzte sie schon weiter.

„Außerdem hatte ich ja vorhin erst Frau Schröder getroffen."

Jetzt klopfte mein Herz gar nicht mehr, es blieb einfach stehen.

„Ach, weißt du", hörte ich die Stimme meiner Mutter von ganz ferne, „wir hatten es beide eilig. Wir sagten nur ‚Guten Tag' und waren uns einig, was wir für fleißige Kinder hätten."

„Sonst nichts?"

„Was soll denn sonst noch gewesen sein?"

Irgendwie muss ich den Abend überlebt haben.

Mit der Mathearbeit ging es besser, als ich gedacht hatte. Schon am Freitag bekamen wir sie zurück. Ich hatte eine Zwei minus. Meine Mutter war hochzufrieden.

„Eigentlich hättest du jetzt eine Belohnung verdient", sagte sie. „Was hat denn der Zirkus gekostet?"

Den Text verstehen

Aufgabe 1 Warum würde die Ich-Erzählerin so gerne in den Zirkus gehen? Nenne zwei Gründe. Schreibe ganze Sätze.

____

____

____

Aufgabe 2 Warum erlaubt es die Mutter nicht? Beende die gegebenen Satzanfänge.

a) Am nächsten Tag wird in der Schule ______________________

b) Die letzte Mathearbeit ______________________

c) Die nächste Mathearbeit soll ______________________

Aufgabe 3 Ab welcher Textstelle ist klar, dass das erzählende Ich ein Mädchen ist? Unterstreiche diese Textstelle.

Aufgabe 4 Wie soll Marions Nachmittag aussehen? Streiche von den blau gedruckten Wörtern diejenigen durch, die nicht passen.

a) Sie **soll/kann/darf nicht** in den Zirkus gehen.

b) Sie **soll/kann/darf nicht** für die Mathearbeit üben.

Aufgabe 5 Wie schätzt du Marions Mathematikleistungen ein? Kreuze an.

☐ Die letzte Arbeit war eher eine Ausnahme.

☐ Das Mädchen schreibt ständig schlechte Arbeiten.

Aufgabe 6 Wie sieht Marions Plan aus? Ergänze, was fehlt.

a) Sie will ihrer Mutter sagen, dass sie zu ______________________

b) Evi soll sagen, dass sie zu ______________________

c) In Wirklichkeit will sie mit ______________________

Aufgabe 7

Will Marion eigentlich für die Mathearbeit üben? Kreuze an, was passt.

☐ Ja, sie will auf jeden Fall für die Mathearbeit üben.
☐ Sie will auch für die Mathearbeit üben.
☐ Sie ist sich nicht sicher, ob sie für die Mathearbeit üben wird.
☐ Nein, sie will nicht für die Mathearbeit üben.

Aufgabe 8

a) Wer ruft an?

____

b) Wer spricht mit dem Anrufer/der Anruferin?

____

c) Was könnte die Anruferin sagen? Schreibe es in die Sprechblase.

Aufgabe 9

Unterscheidet sich Evis Plan von Marions Plan (siehe Aufgabe 6)? Kreuze an, was passt, und ergänze den Satzanfang.

☐ Ja, er unterscheidet sich.

☐ Nein, er unterscheidet sich nicht.

Begründung: ____________________________________

____

____

____

Aufgabe 10

Weiß Marion von Evis Plan? Suche nach einer Textstelle, die dir dafür einen Hinweis gibt, und unterstreiche sie. Triff dann deine Entscheidung.

☐ Ja, Marion weiß genau, was Evi plant.

☐ Nein, sie weiß nicht, was Evi plant.

Aufgabe 11

Ergänze die folgenden Satzanfänge so, dass sie zum Text passen.

a) Marions Mutter glaubt, dass ihre Tochter ______

b) Evis Mutter glaubt, dass ihr Tochter ______

c) Marion und Evi gehen ______

Aufgabe 12

Wer trifft wen beim Einkaufen?

______ trifft ______.

Aufgabe 13

Von welcher Person in der Geschichte erfährt man welche Namen?

a) Den Vornamen und den Nachnamen erfährt man von ______

b) Nur den Vornamen, aber nicht den Nachnamen erfährt man von ______

c) Nur den Nachnamen erfährt man von ______

d) Keinen Namen erfährt man von ______

Aufgabe 14

Übt Marion am Ende noch für die Mathearbeit? Was spricht dafür? Was spricht dagegen?

Dafür spricht, dass ______

______

Dagegen spricht, dass ______

______

Aufgabe 15 Suche im Text diese Textstellen und unterstreiche sie:
„Ich dachte, mein Herz setzt aus.“ – „Ich schnappte nach Luft …“ – „Jetzt klopfte mein Herz gar nicht mehr, es blieb einfach stehen.“ – „Irgendwie muss ich den Abend überlebt haben.“

Was sagen diese Textstellen über Marion aus? Füge passende Wörter in die Lücken ein.

Sie begreift nach und nach, dass ihre Mutter ______________________________

____

Sie ist deswegen ____

Aufgabe 16 Wer lügt wen an? Kreuze an, was passt.

- ☐ Marion lügt ihre Mutter an.
- ☐ Marions Mutter lügt ihre Tochter an.
- ☐ Evi lügt Marions Mutter an.
- ☐ Evi lügt ihre Mutter an.

Die Sprache untersuchen

Ausdrücken, was man sich nur denken kann
Um zu sagen, was zwar denkbar, aber nicht machbar ist, gibt es eine einfache Möglichkeit: Man verwendet Formulierungen wie diese: **wäre, hätte, würde.**

Beispiele: Marion **wäre** gern in den Zirkus gegangen. (Aber ihre Mutter erlaubte es nicht.)
Sie **hätte** ihrer Mutter einen vernünftigen Vorschlag gemacht. (Aber dazu kam es erst gar nicht.)
Ich **wäre** am liebsten Millionär. (Aber leider habe ich nicht viel Geld.)

Aufgabe 17 Schreibe auf, was du gerne hättest – und warum das nicht möglich ist. Schreibe zehn Beispiele in dein Heft). Formuliere deine Sätze nach diesem Muster.
Ich hätte gerne mehr Taschengeld. Aber meine Eltern lehnen das ab.

Aufgabe 18

Was ist bloß Wunsch und was ist Wirklichkeit? Markiere im folgenden Text die Stellen, in denen ein Wunsch oder eine Vorstellung ausgedrückt wird, mit Blau. Die Stellen, in denen ausgedrückt wird, wie es tatsächlich ist, unterstreichst du mit Schwarz.

Vielleicht beim nächsten Mal …

Mirko sitzt beim Friseur. Er möchte seine Frisur ändern. Er hätte nämlich gerne so eine Frisur wie Bodo. Und das würde er dem Friseur gerne sagen. Aber er traut sich nicht. Bodos Haare sind an den Seiten ziemlich kurz geschnitten. Auf dem Oberkopf sind sie ein bisschen länger. Außerdem hat er ein paar hellblonde Strähnen. Gel verwendet er natürlich auch. Deshalb glänzen seine Haare. Außerdem stehen sie frech nach oben. Das sieht aus wie bei einem Igel. Mirko findet Bodos Frisur irgendwie cool. Wenn seine Eltern doch bloß nicht solche Spießer wären! Aber sie würden es ihm nie und nimmer erlauben, dass er mit so einer Frisur herumliefe. Er könnte sie natürlich vor vollendete Tatsachen stellen. Aber das wäre wohl auch nicht ratsam. Dann gäbe es bloß Ärger. „Wie soll's denn sein?", fragt der Friseur. „Wie immer", sagt Mirko.

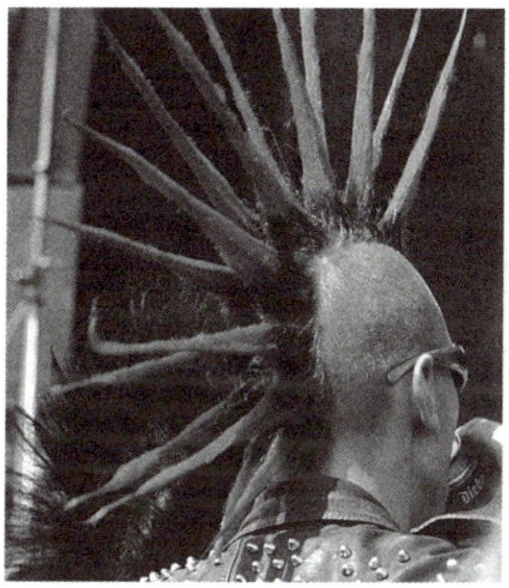

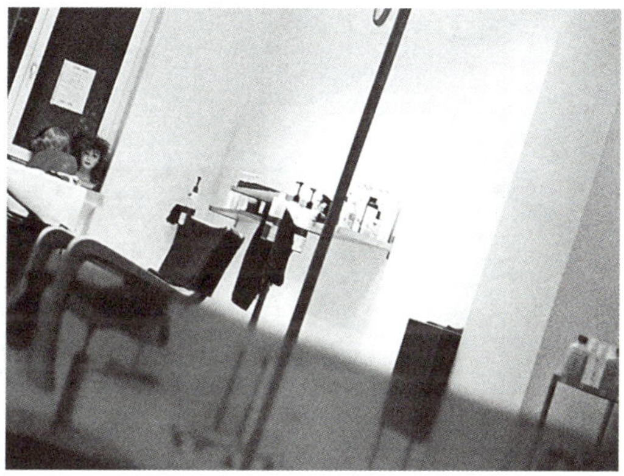

Zeitform Futur

Es gibt zwei Möglichkeiten, um auszudrücken, dass etwas in der **Zukunft** geschieht:

- Man verwendet **Adverbiale,** die auf die Zukunft verweisen.
  Beispiele: bald, morgen, nächste Woche, in hundert Jahren
- Man verwendet die Zeitform Futur des Verbs. Das Futur bildet man so:
  eine Form von **werden + Infinitiv des Verbs.**
  Beispiele: Es **wird regnen.**
  Wir **werden umziehen**
  Du **wirst** dich **erkälten.**

Aufgabe 19 Setze die richtigen Formen des Verbs im Futur ein.

a) Ich ____________________, dass ich zu Evi gehe, um für die Mathearbeit zu üben. (sagen)

b) Meine Mutter ________________ mir das ____________________, weil sie möchte, dass ich eine gute Mathearbeit schreibe. (erlauben)

c) In Wirklichkeit ________________________ ich mit Evi in den Zirkus ____________________. (gehen)

d) Nach dem Zirkus ____________________ wir aber doch noch ein bisschen ____________________. (üben)

e) Dann ________________ ich meinen Spaß ________________. (haben)

f) Und die Mathearbeit ________________________ bestimmt trotzdem gut ________________________. (ausfallen)

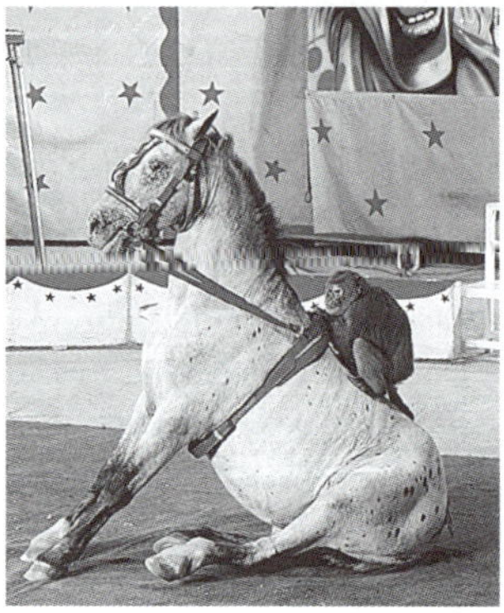

Richtig schreiben

Gleicher Klang – unterschiedliche Schreibweise
Derselbe Laut kann ganz unterschiedlich geschrieben werden.
Beispiele: He**x**e – La**chs** – Kle**cks** – Ke**ks**
Ein und derselbe Laut wird hier auf vier verschiedene Arten geschrieben: als **x,** als **chs,** als **cks** und als **ks.** In solchen Fällen muss man die richtige Schreibweise auswendig lernen.

Es gibt auch „Zwillings"-Wortpaare: Beide Wörter klingen vollkommen gleich, aber es gibt zwei verschiedene Schreibweisen. Um zu wissen, welche Schreibweise richtig ist, muss man die Bedeutung der Wörter kennen.
Beispiele: **wieder** (noch einmal) – aber: **wider** (gegen, z. B. in **Widerspruch** → Gegenrede)
wahr (der Wirklichkeit entsprechend) – aber: **war** (Präteritumform von **sein:** Marion war im Zirkus.)
seit (z. B. seit zehn Minuten) – aber: **seid** (Präsensform von sein: Ihr seid aber pünktlich!)
viel (eine große Anzahl) – aber: **fiel** (von fallen, z. B. Er fiel hin)

Aufgabe 20

Trage die fehlenden Wörter richtig in die Lücken ein. Falls du unsicher bist: Schau im Merkkasten nach.

a) Marion hatte ein schlechtes Gewissen. Sie hatte nicht ______________ für die Mathearbeit geübt. (viel?/fiel?)

b) Ihre Mutter wollte, dass Marion Mathe übte; da duldete sie keinen ______________spruch. (Wieder?/Wider?)

c) Sie ______________ nicht damit einverstanden, dass ihre Tochter in den Zirkus ging. (wahr?/war?)

d) Warum ______________ ihr so laut? Könnt ihr euch nicht leiser unterhalten? (seit?/seid?)

e) Es ist ______________, dass einige Schüler bei Klassenarbeiten abschreiben. (wahr?/war?)

f) Meine Tante ______________ gestern beim Fensterputzen von der Leiter. Jetzt liegt sie mit gebrochenem Bein im Krankenhaus. (viel?/fiel?)

g) Du solltest dich beeilen. Dein Freund wartet schon ______________ einer halben Stunde auf dich. (seit?/seid?)

Die Vorsilben ent- und end-

Die Vorsilben **ent-** und **end-** klingen zwar gleich, doch es gibt zwischen ihnen einen Bedeutungsunterschied.

Grundsätzlich gilt:

- Es heißt immer dann **end-**, wenn von einem **Ende** (oder vom **Letzten**) die Rede ist.
  Beispiele: **End**spiel (das letzte Spiel/das Spiel am Ende), **End**spurt (der letzte Spurt/der Spurt am Ende), **End**note (die Note am Ende), **end**gültig (was bis zum Ende gelten soll), **end**los (ohne Ende) …
- Die Vorsilbe **ent-** bedeutet meist so viel wie **weg.**
  Beispiele: **ent**färben (= die Farbe wegnehmen), **ent**lasten (= eine Last wegnehmen), **ent**sichern (= die Sicherung ausschalten), **ent**fernen (= wegnehmen), **ent**senden (= wegschicken), **ent**scheiden (= was nicht in Frage kommt, wird ausgeschieden), **ent**decken (von etwas, das bisher verborgen war, „die Decke" wegnehmen).

Aufgabe 21 Wie heißen die gesuchten Wörter? Schreibe sie auf.

a) Der letzte Bahnhof: ______________________

b) Die Silbe ganz am Ende: ______________________

c) Die letzte Summe: ______________________

d) Der Erfolg am Ende: ______________________

e) Die letzte Haltestelle: ______________________

f) Der letzte Kampf: ______________________

g) Die Station ganz am Ende: ______________________

h) Das letzte Ergebnis: ______________________

Aufgabe 22 Wie ist es richtig: „end-" oder „ent-"? Füge in die Lücken ein. Achte dabei auf die richtige Groß- und Kleinschreibung!

a) Marion sollte nicht in den Zirkus gehen. Die ______scheidung ihrer Mutter war ______gültig.

b) Wirst du dir am Samstag im Fernsehen das ______spiel ansehen?

c) Kolumbus dachte, er hätte Indien ______deckt. Aber er war in Amerika gelandet.

d) Kommst du mit auf den Ausflug? Hast du dich schon ______schieden?

e) Als Irina die schlechte Nachricht hörte, war sie ______setzt.

f) Wollt ihr an dem Ausflug teilnehmen oder nicht? Ihr müsst euch langsam mal ______scheiden.

g) Mein Vater hat aufgehört zu rauchen. Ich hoffe, sein ______schluss ist ______gültig.

h) Wenn man einen Fehler gemacht hat, sollte man sich ______schuldigen.

i) Da kommst du ja ______lich! Das wird aber auch Zeit.

Sich schriftlich äußern

Aufgabe 23 Schreibe einen Text zu diesem Thema: „Ich wäre gern ein Superstar."

Schreibe so:

- Im ersten Abschnitt:
  Erzähle, warum du gern ein Superstar wärest. (Wie würde dein Leben dann aussehen? Was würdest du dann tun? Was würdest du nicht oder nicht mehr tun? Wie würden andere mit dir umgehen?)
- Im zweiten Abschnitt:
  Stelle dar, wie dein Leben wirklich ist. Beginne mit den Worten: *Aber leider bin ich kein Superstar, sondern …* Erzähle dann, wie dein Leben in Wirklichkeit aussieht.
- Im dritten Abschnitt:
  Nimm eine Bewertung vor: Wäre es wirklich besser für dich, wenn du ein Superstar wärest? Begründe kurz deine Entscheidung.

Hinweis: Du solltest dir zu jedem Abschnitt erst einmal ein paar Stichwörter notieren. Dann hast du es anschließend beim Schreiben leichter.

Kapitel 7: Das Leben der Ritter

Das Leben der Ritter

Die ersten Ritter gab es schon im 8. Jahrhundert nach Christus; die Blütezeit des Rittertums war aber erst im 12. und 13. Jahrhundert. Genau genommen war ein Ritter nichts anderes als ein Reiter. Das kann man schon am Wort erkennen: Das Wort *Ritter* stammt nämlich vom Wort *reiten*[1] ab. Im Mittelalter war es etwas Besonderes, ein Reiter zu sein, denn nur wenige Menschen konnten sich ein Pferd leisten. Die Ritter gehörten also keineswegs zu einer der unteren gesellschaftlichen Schichten. Im Gegenteil: Sie waren immer Adlige oder zumindest Angehörige einer höheren Schicht.

Allerdings war jeder Ritter einem höhergestellten Adligen oder seinem König zur Treue verpflichtet. Von diesem hatte er in der Regel als Leihgabe ein Stück Land bekommen (ein *Lehen*), das er später an seine Söhne vererben konnte. Zum Dank dafür musste er in kriegerischen Zeiten für seinen Herrn kämpfen. Dafür war er ausgebildet und dafür besaß er auch eine Ausrüstung.

Ritter kämpften mit Schwert, Lanze oder Dolch. Zu ihrem Schutz trugen die ersten Ritter Kettenhemden. Später entwickelten sich daraus immer schwerere Rüstungen. Ein Helm schützte ihren Kopf, und mit dem Schild wehrten sie feindliche Stöße ab.

Die Aufnahme in den Ritterstand verlief nach einem festen Muster: Schon im Kindesalter wurde mit der Erziehung und Ausbildung eines künftigen Ritters begonnen. Im Alter von etwa sieben Jahren wurde er zum *Pagen*. Als Page musste er lernen zu reiten und zu schwimmen. Auch das Bogenschießen und der Faustkampf standen auf dem „Stundenplan". Dieser Unterricht fand auf der Burg des Vaters statt.

Im Alter von etwa 12 Jahren musste der Page die Burg seines Vaters verlassen. Als *Knappe* wurde er zu einem anderen Adligen geschickt, wo seine Ausbildung den letzten Schliff bekommen sollte. Er musste dort vor allem das Kriegshandwerk erlernen, also den Umgang mit den Pferden und den Zweikampf mit den Waffen. Wenn er das beherrschte, gab es ein großes Fest, die sogenannte *Schwertleite*. Der junge Ritter wurde an diesem Tag festlich eingekleidet, und während einer feierlichen Zeremonie[2] wurden ihm seine Waffen und die Sporen überreicht. Damit wurde er zum *Junker* befördert.

1 Man erkennt das heute noch an der Präteritumform: reiten → ritt
2 Zeremonie: eine Feier, die nach festen Regeln abläuft

Nun begann für ihn der Ernst des Ritterlebens. Das zeigte sich schon bei der Schwertleite, denn an diesem Tag gab es nicht nur ein Festessen mit Musik und Tanz, sondern es wurde auch ein Turnier veranstaltet, bei dem der junge Ritter zum ersten Mal öffentlich seinen Mut und sein Können zeigen musste.

Im Laufe der Zeit wurde die Zeremonie der Schwertleite durch den *Ritterschlag* abgelöst: Der Knappe erhielt von seinem Burgherrn einen feierlichen Schlag auf den Nacken, entweder mit dem Handrücken oder mit dem Schwert, und wurde damit offiziell zum Ritter erklärt. In der Regel war er zu diesem Zeitpunkt 21 Jahre alt.

Von einem Ritter wurde aber nicht nur erwartet, dass er ein heldenhafter, mutiger und tapferer Kämpfer war, sondern er sollte sich auch vorbildlich verhalten. Vor allem diese Verhaltensweisen sollte er zeigen: *maze* (Mäßigung, Bescheidenheit), *staete* (Beständigkeit) und *milte* (Milde). Auch Frauen gegenüber hatte ein Ritter höfische Tugenden zu zeigen: Er sollte sie einerseits verehren, andererseits musste er aber auch Zurückhaltung wahren. Bedürftigen, also Armen und Kranken, sollte er helfen.

Ein junger Ritter, der kein reiches Erbe zu erwarten hatte, musste sich auf Reisen begeben, um der Welt seinen Mut, seine Geschicklichkeit und seine Stärke zu zeigen. Nur so konnte er darauf hoffen, eines Tages in den Dienst eines hohen Herrn aufgenommen zu werden. Nicht alle Ritter schafften das. Es gab auch Ritter, deren Leben eher trostlos war: Sie lebten auf Pump, schlugen sich irgendwie durch und ihr Leben endete eines Tages auf einem Schlachtfeld. Einige von ihnen fanden den Tod sogar weit von der Heimat entfernt, denn während der *Kreuzzüge*[3] zogen viele Ritter bis in den Nahen Osten, in der Annahme, sie müssten das Christentum gegen die Ungläubigen (die *Heiden*[4]) verteidigen.

Nach und nach kam es zum Niedergang der Ritter. Sie wurden nicht mehr gebraucht. Das lag vor allem daran, dass die Waffentechnik im Laufe der Zeit immer weiterentwickelt wurde. Feuerwaffen wurden erfunden, die einen Kampf auf Distanz ermöglichten. Das führte dazu, dass die Ritter, die gelernt hatten, Mann gegen Mann zu kämpfen, nach und nach unwichtig wurden.

3 Das Kreuz ist für die Christen ein religiöses Symbol, weil Jesus Christus am Kreuz gestorben ist. Während der Kreuzzüge versuchten die Christen ihren Glauben zu verbreiten – auch mit Gewalt.

4 Heiden: Ungläubige; als solche wurden Juden und Moslems angesehen. Das war jedoch falsch, sie hatten nur einen anderen Glauben!

Den Text verstehen

Aufgabe 1 Was bedeutet das Wort „Ritter“? Überlege, von welchem Wort es abstammt.

Aufgabe 2 „Die Blütezeit des Rittertums war im 12. und 13. Jahrhundert.“ Was bedeutet das? Kreuze an.

- ☐ Es gab nur zu dieser Zeit Ritter.
- ☐ Auf den Burgen blühten viele Blumen.
- ☐ Die Ritter waren eine wichtige Gruppe in der Gesellschaft geworden.

Aufgabe 3 An welcher Stelle der Gesellschaftspyramide ist der Ritter einzuordnen? Kennzeichne seine Position mit einem Pfeil.

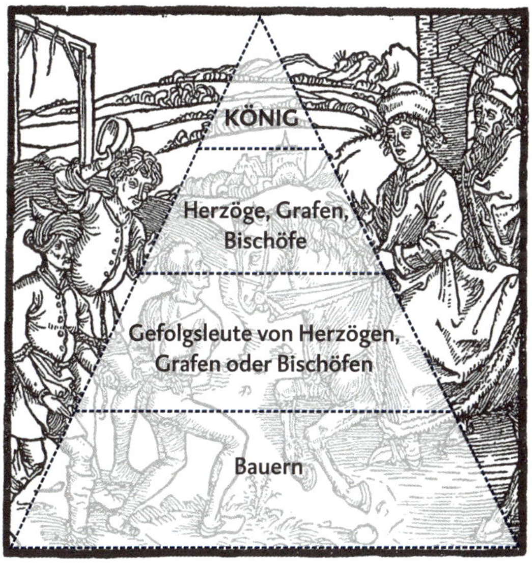

Aufgabe 4 Vervollständige die Satzanfänge.

Ein Ritter bekam von einem Adligen ______

Als Gegenleistung musste er ______

______

Aufgabe 5 Was gehörte zur Ausstattung eines Ritters? Nenne die Wörter.

a) Um für seinen Herrn Kriegsdienste leisten zu können, brauchte er als Fortbewegungsmittel ein ______________________________

b) Um den Feind zu attackieren, brauchte er ______________________________

c) Um sich vor feindlichen Hieben zu schützen, brauchte er ______________________________

____

Aufgabe 6

Von welcher Waffe ist die Rede? Ordne die Bilder den Erklärungen zu, indem du die richtige Waffenbezeichnung unter die jeweilige Erklärung schreibst.

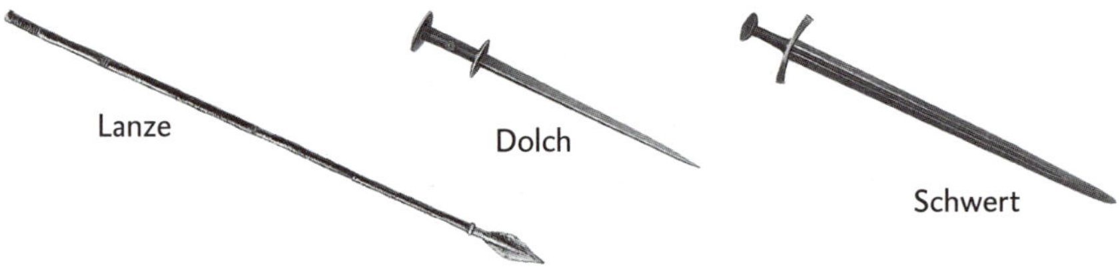

a) Diese Waffe ist ziemlich kurz. Man versetzt dem Gegner damit am Ende des Kampfes den entscheidenden Stoß. Die Waffe wurde auch bei der Jagd eingesetzt.

____

b) Diese Waffe bestand aus einem zwei bis vier Meter langen Holzschaft, an dessen Ende eine lange eiserne Spitze befestigt war. Sie wurde als Angriffswaffe verwendet. Man konnte dem Gegner damit einen Stoß versetzen; man konnte diese Waffe aber auch gegen ihn schleudern.

____

c) Diese Waffe war gut einen Meter lang. Die lange, beidseitig geschärfte Eisenklinge steckte in einem Holzgriff, dem so genannten Heft. Diese Waffe wurde im Nahkampf eingesetzt. Man konnte dem Gegner damit einen gefährlichen Schlag versetzen; man konnte damit aber auch zustechen.

____

Aufgabe 7 Wie lief die Ausbildung eines Ritters ab? Ergänze, was fehlt.

Stufe 1	Der angehende Ritter hieß: ____________________ Alter: ____________________ Ort der Ausbildung: ____________________ ____________________ Was er lernen sollte: ____________________ ____________________
Stufe 2	Der angehende Ritter hieß: ____________________ Alter: ____________________ Ort der Ausbildung: ____________________ ____________________ Was er lernen sollte: ____________________ ____________________

Aufgabe 8 An welchem Tag musste ein junger Ritter zum ersten Mal öffentlich sein Können zeigen?

Das war am Tag der ____________________

Aufgabe 9 Welche drei Verhaltensweisen musste ein vorbildlicher Ritter zeigen?

a) ____________________

b) ____________________

c) ____________________

Aufgabe 10 Vollende die gegebenen Satzanfänge:

a) Frauen sollte der Ritter ____________________

b) Armen und Kranken sollte der Ritter ____________________

Aufgabe 11 Wie reich waren die Ritter? Kreuze an, was passt.

- ☐ Alle Ritter waren reich.
- ☐ Einige Ritter waren reich.
- ☐ Kein Ritter war reich.

Aufgabe 12 Warum hat die Erfindung der Feuerwaffen dazu geführt, dass die Ritter nicht mehr gebraucht wurden? Trage die fehlenden Wörter ein.

a) Die Feuerwaffen ermöglichten einen Kampf auf ____________________

b) Die Ritter hatten gelernt, ____________________ zu kämpfen.

c) Deshalb hat die Erfindung der Feuerwaffen dazu geführt, dass die Ritter nach und nach ____________________ wurden.

Die Sprache untersuchen

Wörter und ihre Abstammung

Einige Wörter haben im Laufe der Zeit ihre Bedeutung verändert. Ein Beispiel dafür ist das Wort **Hof.** Vor mehr als 1 000 Jahren war das Wort **Hof** die Bezeichnung für Wohngebäude (eines oder mehrere), die von einem Zaun umgeben waren. Später verstand man unter einem Hof auch eine Art **Palast** oder **Schloss,** also den Wohnsitz eines Adligen. Aus dieser Bedeutung des Wortes **Hof** entwickelte sich schließlich das Wort **höflich.** Unter höflich war also zunächst zu verstehen: so, wie es am Hof eines Adligen üblich ist: **vornehm, gesittet, schön.** Heute bedeutet höflich: **rücksichtsvoll** und **zuvorkommend.**

Aufgabe 13 Ordne die folgenden Adjektive den Erklärungen zu.

bürgerlich, edel, gerüstet, ehrlich, ritterlich

a) Wenn ein Ritter seine „Rüstung“ anlegte, dann bedeutete das, dass er sich auf einen Kampf vorbereitete. Das heutige Adjektiv sagt aus, dass man gut auf etwas vorbereitet ist.

Heutiges Adjektiv: ____________________

b) Das ursprüngliche Wort „Adel“ bedeutete so etwas wie: vornehme Familie, vornehme Herkunft, vornehmer Stand. Das heutige Adjektiv bedeutet: von ganz besonders guter Qualität, aus sehr gutem Material.

Heutiges Adjektiv: ____________________

c) Das ursprüngliche Wort heißt „Ehre“. Wer Ehre hatte, besaß Ansehen und wurde geachtet. Das heutige Adjektiv verwendet man, wenn man über jemanden sagen will, dass er die Wahrheit spricht.

Heutiges Adjektiv: ______________________________

d) „Ritter“ sollten nicht nur zuverlässige und gute Krieger sein, sondern sich auch vorbildlich verhalten. Das heutige Adjektiv wird für Männer verwendet, die sich verhalten, wie man es früher von einem Ritter erwartet hat.

Heutiges Adjektiv: ______________________________

e) Das ursprüngliche Wort heißt „Burg“ und bezeichnete einen Ort, der auf einer Anhöhe (einem Berg) lag und der von einem Schutzwall umgeben war. In der Nachbarschaft entwickelten sich oft Städte. Die Einwohner der Städte nannte man „Bürger“. Das heutige Adjektiv verwendet man für Personen mit einer eher konservativen Wertehaltung.

Heutiges Adjektiv: ______________________________

Redensarten und ihre Geschichte

Es gibt viele Redensarten, die sehr alt sind und die heute immer noch verwendet werden. Einige Redensarten stammen aus der Ritterzeit, z. B. diese:

- für jemanden eine Lanze brechen,
- jemanden aus dem Sattel heben,
- jemandem unter die Arme greifen,
- sich die ersten Sporen verdienen,
- jemandem den Fehdehandschuh hinwerfen.

Die Verhaltensweisen, auf die sich diese Redensarten beziehen, gibt es so nicht mehr. Man darf die Redensarten also nicht wörtlich nehmen, sie haben heute einen **übertragenen Sinn.**

Aufgabe 14 Welche der Redensarten aus dem Merkkasten ist gemeint? Schreibe sie dazu.

a) Die jungen Ritter mussten zeigen, dass sie würdig waren, die Sporen zu tragen, die ihnen bei der Schwertleite gegeben wurden. Sie mussten ihre Fähigkeiten erst noch unter Beweis stellen, z. B. in einem Turnier oder in einer Schlacht. (Bedeutung heute: seine ersten Erfolge haben)

____

b) Wenn ein Ritter in einem Turnier kämpfte, geschah es oft, dass seine Lanze entzweibrach, denn der Schaft war sehr lang und bestand aus Holz; er konnte also leicht brechen. Wer bereit war, für jemanden zu kämpfen, „opferte" ihm seine Lanze, denn sie konnte dabei kaputtgehen. (Bedeutung heute: für jemanden eintreten, ihn ganz entschieden unterstützen)

____

c) Wenn ein Ritter einen anderen zum Kampf herausfordern wollte, warf er ihm einen Handschuh vor die Füße. Wenn der andere Ritter den Handschuh aufhob, zeigte er damit, dass er bereit war, den Kampf anzunehmen. (Bedeutung heute: jemandem den Kampf ansagen)

____

d) In einem Turnier musste ein Ritter versuchen, den Gegner aus dem Sattel zu heben, sodass er auf den Sand fiel. Dann hatte er den Zweikampf gewonnen. (Bedeutung heute: jemandem die Pläne zerstören)

____

e) Wenn ein Ritter drohte zu stürzen, dann konnte ihm ein befreundeter Ritter helfen, indem er ihn stützte. So konnte er ihn auffangen und verhindern, dass er zu Boden fiel. (Bedeutung heute: jemandem, der in Not ist, helfen)

____

Aufforderungen und Befehle ausdrücken

Es gibt zwei Möglichkeiten, jemanden zu etwas aufzufordern oder ihm einen Befehl zu erteilen:

- Man verwendet das Verb **sollen.**
  Beispiele: Du **sollst** mir helfen. – Ihr **sollt** verschwinden. – Sie **sollen** mitkommen.
- Man verwendet die **Befehlsform** (den **Imperativ**).
  Beispiele: Komm her! – Schlagt eure Bücher auf. – Bleib sitzen. – Lass mal sehen. – Seid leise!

Die Befehlsform bildet man so:

- Bei **du:** Stamm des Verbs + **e.**
  Beispiele: Antwort**e**! Spar**e**! Leg**e**!
  Manchmal entfällt auch das **e** am Schluss.
  Beispiel: Komm! Sei!
  Einige Formen sind auch **unregelmäßig.**
  Beispiele: Gib! Vergiss! Sprich! Iss! Hilf! Lies! Sieh!
  Bei den unregelmäßigen Formen steht in der Mitte **i** bzw. **ie** statt **e.**
  Man muss die unregelmäßigen Formen auswendig kennen.
- Bei **Sie:** Stamm des Verbs + **en.**
  Beispiele: Komm**en** Sie! Seh**en** Sie! Kauf**en** Sie!
- Bei **ihr:** Stamm des Verbs + **t.**
  Beispiele: Sprech**t!** Geh**t!** Spiel**t!**
  Ausnahme: bei dem Verb „sein" lautet der Imperativ „Sei**d!**".

Aufgabe 15

Wandle die folgenden Sätze um. Setze sie in die Befehlsform.

a) Du sollst Michael besuchen. ______________________

b) Sie sollen sich bei der Polizei melden. ______________________

c) Ihr sollt uns beim Renovieren helfen. ______________________

d) Ihr sollt endlich leise sein. ______________________

e) Du sollst zum Mittagessen gehen. ______________________

f) Ihr sollt uns fragen. ______________________

g) Sie sollen die bestellte Ware abholen. ______________________

h) Du sollst den Ärger vergessen. ______________________

i) Ihr sollt euch wieder vertragen. ______________________

Richtig schreiben

Grundwörter als Rechtschreibhilfe
Einige Wörter kann man leicht richtig schreiben, wenn man weiß, welches **Grundwort** in ihnen steckt.
Beispiele: **wahr** → **wahr**scheinlich, **Wahr**heit, (eine Frist) **wahr**en, (sich) be**wahr**heiten
Herr → **herr**lich, **herr**schen, **Herr**scher, be**herr**scht

Besonders hilfreich ist das Nachdenken über Grundwörter, wenn es um die Frage geht:
ä oder e?
Beispiele: L**ä**nge – wegen l**a**ng,
H**ä**rte – wegen h**a**rt,
(sich) erk**ä**lten – wegen k**a**lt.

Wörter, die auf das gleiche Grundwort zurückgehen, bilden eine **Wortfamilie.**

Aufgabe 16 Welches Grundwort steckt in den folgenden Wörtern? Schreibe es daneben. In Klammern findest du einen Hinweis darauf, zu welcher Wortart das gesuchte Wort gehört. Achte auf die richtige Groß- und Kleinschreibung!

a) (jemanden) belästigen → ____________________ (Nomen)

b) häuslich → ____________________ (Nomen)

c) ändern → ____________________ (Adjektiv)

d) bärtig → ____________________ (Nomen)

e) Bäcker → ____________________ (Verb)

f) gefärbt → ____________________ (Nomen)

g) Gefängnis → ____________________ (Verb)

h) Wäsche → ____________________ (Verb)

i) kräftig → ____________________ (Nomen)

j) quälen → ____________________ (Nomen)

k) Träger → ____________________ (Verb)

l) lächerlich → ____________________ (Verb)

Aufgabe 17

Suche zu den folgenden Wörtern mindestens zwei weitere Wörter aus der gleichen Wortfamilie. Achte auf die richtige Groß- und Kleinschreibung!

a) Herz → ______________________________

b) Haus → ______________________________

c) Herr → ______________________________

d) Hand → ______________________________

e) Rat → ______________________________

f) Angst → ______________________________

g) Wunder → ______________________________

h) Kampf → ______________________________

i) Gelächter → ______________________________

Sich schriftlich äußern

Aufgabe 18 Stelle dir Folgendes vor: Ein Knappe möchte wissen, wie man sich als vorbildlicher Ritter verhalten sollte.
Schreibe für ihn alle wichtigen Benimmregeln in dein Heft. Orientiere dich an den Vorgaben in der Tabelle. Wähle die zehn Regeln aus, die du für am wichtigsten hältst. Schreibe sie so auf:

- Sprich den Knappen direkt an.
- Schreibe alle Regeln in der Befehlsform auf.
- Schreibe alle Regeln untereinander.
- Nummeriere die Regeln.
- Nimm dies als Überschrift: Benimmregeln für Ritter

Was ein Ritter tun soll	Was ein Ritter nicht tun soll
• regelmäßig zur Kirche gehen	• feige sein
• sich regelmäßig waschen	• Schwäche zeigen
• sein Pferd im Griff haben	• gleichgültig sein
• seinen Schild gerade halten	• Rostflecken, die von der Rüstung stammen, auf der Haut lassen
• beim Reiten die Lanze nach unten halten	• einen Gegner töten, der sich unterwirft
• Mitleid zeigen	• andere bestehlen und berauben
• Gnade walten lassen	• launisch sein
• edel sein	• sich betrinken
• strebsam sein	• zu viel essen
• mutig sein	• geizig sein
• gütig sein	• verschwenderisch sein
• freundlich sein	• seinen Besitz verschleudern
• großzügig sein	• viele Fragen stellen
• Maß halten	• unüberlegt drauflosreden
• die Frauen achten	• lügen
• Menschen, die in Not sind, helfen	• Frauen betrügen
• gegen Armut ankämpfen	• Witwen und Waisen im Elend lassen

Kapitel 8:
Der Handschuh

FRIEDRICH SCHILLER: Der Handschuh

Vor seinem Löwengarten,
Das Kampfspiel zu erwarten,
Saß König Franz,
Und um ihn die Großen der Krone,
Und rings auf hohem Balkone,
Die Damen in schönem Kranz.

Und wie er winkt mit dem Finger,
Auftut sich der weite Zwinger[1],
Und hinein mit bedächtigem Schritt
Ein Löwe tritt
Und sieht sich stumm
Rings um,
Mit langem Gähnen
Und schüttelt die Mähnen
Und streckt die Glieder
Und legt sich nieder.

Und der König winkt wieder,
Da öffnet sich behänd
Ein zweites Tor,
Daraus rennt
Mit wildem Sprunge
Ein Tiger hervor.
Wie der den Löwen erschaut,
Brüllt er laut,
Schlägt mit dem Schweif[2]
Einen furchtbaren Reif[3]
Und recket die Zunge,
Und im Kreise scheu
Umgeht er den Leu[4]
Grimmig schnurrend;
Drauf streckt er sich murrend
Zur Seite nieder.

1 *Zwinger*: Raubtierkäfig
2 Schweif: Schwanz
3 *Reif*: Kurzform von Reifen (gemeint: Kreis)
4 *Leu*: altmodisch für Löwe

Und der König winkt wieder,
Da speit[1] das doppelt geöffnete Haus
Zwei Leoparden auf einmal aus,
Die stürzen mit mutiger Kampfbegier
Auf das Tigertier;
Das packt sie mit seinen grimmigen Tatzen[2],
Und der Leu mit Gebrüll
Richtet sich auf, da wird's still;
Und herum im Kreis,
Von Mordsucht heiß,
Lagern die gräulichen Katzen.

Da fällt von des Altans[3] Rand
Ein Handschuh von schöner Hand
Zwischen den Tiger und den Leun
Mitten hinein.

Und zu Ritter Delorges[4], spottender Weis,
Wendet sich Fräulein Kunigund:
„Herr Ritter, ist Eure Lieb so heiß,
Wie Ihr mir's schwört zu jeder Stund,
Ei so hebt mir den Handschuh auf!"

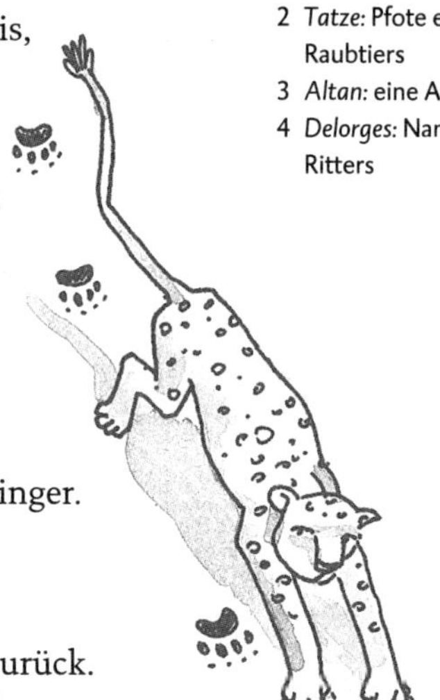

Und der Ritter in schnellem Lauf
Steigt hinab in den furchtbaren Zwinger
Mit festem Schritte,
Und aus der Ungeheuer Mitte
Nimmt er den Handschuh mit keckem Finger.

Und mit Erstaunen und mit Grauen
Sehen's die Ritter und Edelfrauen,
Und gelassen bringt er den Handschuh zurück.
Da schallt ihm sein Lob aus jedem Munde,
Aber mit zärtlichem Liebesblick –
Er verheißt ihm sein nahes Glück –
Empfängt ihn Fräulein Kunigunde.
Und er wirft ihr den Handschuh ins Gesicht:
„Den Dank, Dame, begehr ich nicht!"
Und verlässt sie zur selben Stunde.

1 *speien:* spucken
2 *Tatze:* Pfote eines Raubtiers
3 *Altan:* eine Art Balkon
4 *Delorges:* Name des Ritters

Textsorten kennen

Gedichte

Der Text „Der Handschuh" von Friedrich Schiller ist ein **Gedicht.** Gedichte sind Texte, die besonders **kunstvoll** gestaltet sind.

Bei Gedichten sind die Zeilen deutlich kürzer als bei anderen Texten, und mehrere Zeilen sind immer zu einem Abschnitt zusammengefasst. Eine **Zeile** in einem Gedicht nennt man **Vers** (Plural: **Verse).** Einen Abschnitt in einem Gedicht nennt man **Strophe** (Plural: **Strophen).**

Bei den meisten Gedichten **reimen** sich die Verse. Bei einem **Reim** klingen ein (zwei oder mehr) Silben am Versende gleich.

Beispiele: Maus – Haus; leise – weise

Aufgabe 1 Aus wie vielen Strophen besteht das Gedicht „Der Handschuh"?

Es sind ______ Strophen.

Aufgabe 2 Welche Strophe ist die kürzeste? Aus wie vielen Versen besteht sie?

Am kürzesten ist die Strophe Nr. ______. Sie besteht aus ______ Versen.

Aufgabe 3 Welche Strophe ist am längsten? Aus wie vielen Versen besteht sie?

Am längsten ist die Strophe Nr. ______. Sie besteht aus ______ Versen.

Den Text verstehen

Aufgabe 4 Wer sitzt wo? Streiche durch, was nicht stimmt.

a) König Franz sitzt hier:
ziemlich dicht am Löwenzwinger / ziemlich weit weg vom Löwenzwinger

b) Die Großen der Krone, also die Adligen, sitzen hier:
neben den Frauen / neben dem König

c) Die Frauen sitzen hier:
eher dicht am Zwinger / eher etwas weiter weg vom Zwinger

Aufgabe 5 Welche Adjektive werden verwendet, um das Verhalten des Löwen zu beschreiben? Füge sie in die Lücken ein.

a) Sein Schritt ist ______________________.

b) Er brüllt nicht, sondern ist ______________________.

c) Er verfällt in ein ______________________ Gähnen.

Aufgabe 6 Wie gefährlich ist der Löwe? Kreuze an, was am besten passt.

☐ Ein Löwe ist nur gefährlich, wenn er hungrig ist. Dieser Löwe wirkt ruhig. Wahrscheinlich hat er gerade gefressen. Deshalb ist er nicht gefährlich.

☐ Der Löwe wirkt zwar ganz ruhig. Aber wenn man ihn reizt, kann er schnell gefährlich werden.

Aufgabe 7 Wer betritt nach dem Löwen den Zwinger?

____

Aufgabe 8 Worauf beziehen sich die Adjektive in Strophe 3? Ergänze, was fehlt.

a) **Wild** ist der ______________________ des Tigers.

b) **Laut** ist das ______________________ des Tigers.

c) **Furchtbar** ist der ______________________, den der Tiger mit seinem ______________________ schlägt.

d) **Scheu** ist das Verhalten des Tigers gegenüber dem ______________________

e) **Grimmig** ist das ______________________ des Tigers.

Aufgabe 9 Wie gefährlich erscheint dir der Tiger? Kreuze an.

☐ Er wirkt genauso gefährlich wie der Löwe.

☐ Er wirkt gefährlicher als der Löwe.

☐ Er wirkt weniger gefährlich als der Löwe.

Aufgabe 10 Welche Worte in Strophe 4 zeigen, dass die Leoparden gefährlich sind? Unterstreiche sie.

Aufgabe 11 Wer scheint der „Chef" unter den Raubkatzen zu sein? Begründe deine Meinung. Ergänze, was hier fehlt:

Der ______________________________ scheint der „Chef" zu sein, denn als er

Aufgabe 12 Die Raubkatzen werden als „gräulich" bezeichnet. Was bedeutet das? Erkläre! (Formuliere dazu einen Satz.)

Aufgabe 13 Wie bewertest du die Gefährlichkeit der Situation am Ende der 4. Strophe? Kreuze an.

Die Situation erscheint mir jetzt

- ☐ etwas gefährlich.
- ☐ gefährlich.
- ☐ außerordentlich gefährlich.

Aufgabe 14 Warum fällt ein Handschuh mitten zwischen die Tiere? Kreuze an.

- ☐ Dem Fräulein Kunigunde ist der Handschuh aus Versehen hinuntergefallen.
- ☐ Das Fräulein Kunigunde hat den Handschuh absichtlich hinuntergeworfen.
- ☐ Man weiß es nicht so genau.

Aufgabe 15 Unterstreiche in Strophe 6 die Wörter, die dir bei der Beantwortung von Frage 14 geholfen haben.

Aufgabe 16 Schreibe vier Adjektive heraus, die verwendet werden, um das Handeln von Ritter Delorges näher zu beschreiben.

Aufgabe 17 Wie findest du das Verhalten von Ritter Delorges?
Kennzeichne die folgenden Adjektive. Verwende diese Zeichen:

+: passt gut
~: passt etwas
–: passt gar nicht

mutig	gefährlich
verrückt	tollkühn
aufgeregt	gehorsam
vorsichtig	bemerkenswert
feige	ruhig
riskant	lebensmüde

Aufgabe 18 Die Zuschauer reagieren zunächst unterschiedlich auf das Geschehen. Ergänze die fehlenden Wörter.

a) Einige reagieren mit ______________________________

b) Einige reagieren mit ______________________________

Aufgabe 19 Am Ende sind sich die Zuschauer doch einig. Füge ein passendes Verb ein.

Sie ____________________ sein Handeln.

Aufgabe 20 Warum wirft Ritter Delorges dem Fräulein Kunigunde am Schluss den Handschuh ins Gesicht? Erkläre!

____

____

____

____

____

____

____

Die Sprache untersuchen

Wortart Präposition (1)
Präpositionen geben Auskunft darüber, **wo sich etwas (oder jemand) befindet.**
Beispiele:

Die Tasche befindet sich { **auf** / **vor** / **neben** / **hinter** / **unter** } dem Tisch.

- Wenn ein Ding/eine Person **schon am Ort** ist, folgt nach der Präposition der **Dativ.**
  Beispiel: Der Mann ist im (= **in dem**) Haus.
- Wenn ein Ding/eine Person noch auf dem Weg dahin ist, folgt nach der Präposition der **Akkusativ.**
  Beispiel: Der Mann geht ins (= **in das**) Haus.

Aufgabe 21 Ist etwas/jemand schon da oder noch auf dem Wege dorthin?
Kennzeichne die folgenden Sätze so:
✓: schon da
→: noch auf dem Weg
Unterstreiche anschließend die Präpositionen.

a) König Franz sitzt vor dem Löwengarten.
b) Die anderen Adligen sitzen neben ihm.
c) Die Damen sitzen auf dem Balkon.
d) Ein Löwe tritt in den Zwinger.
e) Ein Tiger läuft durch das Tor.
f) Plötzlich fliegt ein Handschuh durch die Luft.
g) Er fällt in den Zwinger.

Aufgabe 22 Füge richtig ein.

a) **auf dem …** (Dativ) oder **auf den …** (Akkusativ)?

Du solltest ________________ glatten Boden nicht so schnell laufen.

Wo ist meine Uhr? Sie lag doch vorhin noch ________________ Tisch.

Dein Zug kommt! Du solltest allmählich ____________ Bahnsteig gehen.

In der Pause gehen die Schüler ________________ Schulhof.

b) **im (= in dem) …** (Dativ) oder **in den …** (Akkusativ)?

Der Zug ist voll. Viele Fahrgäste stehen ______________ Gang.

Dass man ______________ Fahrstuhl nicht rauchen darf, weiß doch jeder.

Kommst du mit ______________ Zirkus?

Die Wohnung ist ______________ ersten Stock.

c) **unter dem …** (Dativ) oder **unter den …** (Akkusativ)

Es regnet stark. Lass uns ______________ Baum gehen.

Am Strand sitzen viele Menschen gern ______________ Sonnenschirm.

Unsere Katze hat sich ______________ Lastwagen verkrochen.

Achtung! Der Ball rollt ______________ Schrank!

Wortart Präposition (2)

Präpositionen können auch aussagen, **wie zwei Personen oder Dinge zueinander stehen**.

Beispiele: **mit** → Matthias geht **mit** seinem Freund nach draußen.
für → Pamela kauft ein Geschenk **für** ihren Opa.
von → Man kann **von** den Eltern viel lernen.

Solche Präposition stehen mit einem bestimmten Kasus:

- Präpositionen mit dem **Dativ:** bei, mit, von, aus, seit, zu, nach
- Präpositionen mit dem **Akkusativ:** für, durch, gegen, ohne
- Präpositionen mit dem **Genitiv:** wegen (des Wetters), trotz (der hohen Preise)

Aufgabe 23

Was ist richtig: Genitiv, Dativ oder Akkusativ? Streiche von den blau gedruckten Wörtern jeweils die falschen durch. Markiere anschließend die Präposition.

a) Hast du schon mit **deine Lehrerin/deiner Lehrerin** gesprochen?

b) Theresa hat sich für **die Ferien/den Ferien** viel vorgenommen.

c) Ich habe einen Brief von **meine Freundin/meiner Freundin** bekommen.

d) Wir leben schon seit **acht Jahre/acht Jahren** in Stuttgart.

e) Wir sind gerade aus **dem Urlaub/den Urlaub** zurückgekommen.

f) Wegen **der hohen Benzinpreise/den hohen Benzinpreisen** gehen einige Autofahrer öfter zu Fuß.

g) Für **eine gute Note/einer guten Note** würden einige Schüler auch ein bisschen mehr üben.

h) Gegen **dem Wind/den Wind** kostet das Radfahren viel Kraft.

i) Kai hat sich mit **seinen besten Freund/seinem besten Freund** gestritten.

j) Wer abgehärtet ist, geht auch bei **schlechtem Wetter/schlechten Wetter** ins Freibad.

k) Abends gehe ich nicht durch **dem dunklen Wald/den dunklen Wald.**

l) Die alte Frau wollte das Land nicht ohne **ihrer Tochter/ihre Tochter** verlassen.

Richtig schreiben

Die l-, n-, r-Regel
Wann schreibt man **tz?** Und wann schreibt man nur **z?**
Wann schreibt man **ck?** Und wann schreibt man nur **k?**

Hier gibt es eine hilfreiche Regel. Sie lautet:
Nach l, n, r, das merke ja, folgt nie tz und nie ck.

Nach **l, n** und **r** schreibt man also immer nur **z** oder **k.**
Beispiele: Balken, Falke, Walze, Münze, Schrank, Harke, Arzt

ufgabe 24

Wie ist es richtig: „k" oder „ck"? Füge richtig ein. Schreibe das Wort anschließend daneben.

a) En___el → ______________ b) mer___en → ______________

c) Ja___e → ______________ d) Tan___er → ______________

e) Schne___e → ______________ f) Len___er → ______________

g) Wol___e → ______________ h) Gestan___ → ______________

i) pa___en → ______________ j) verste___en → ______________

Aufgabe 25 Wie ist es richtig: „z“ oder „tz“? Verfahre wie bei Aufgabe 24.

a) tan___en → ____________ b) Her___ → ____________

c) verle___en → ____________ d) Wal___e → ____________

e) Schni___el → ____________ f) Fun___el → ____________

g) wi___ig → ____________ h) scher___en → ____________

i) Hi___e → ____________ j) Pil___ → ____________

Aufgabe 26 Löse das Silbenrätsel. Wenn du alles eingetragen hast, erhältst du ein Lösungswort. Die Zahl in Klammern sagt dir, welchen Buchstaben du für das Lösungswort jeweils brauchst (z. B. 2 = den zweiten Buchstaben).

BE – CKEL – CKER – DAN – DE – DUN – KEL – KEN – KEN – KEN – MA – PAN – PAR – RÜCKT – SCHWAN – TRA – TZE – VER – WE – ZER

a) nicht gerade laufen, taumeln: ____________ (4)

b) das Gegenteil von hell: ____________ (2)

c) schweres Kriegsgerät: ____________ (3)

d) oberer Teil eines Kochtopfs: ____________ (1)

e) eine Uhr, die morgens klingelt: ____________ (2)

f) ein anderes Wort für irre: ____________ (3)

g) Für ein Geschenk sollte man sich … ____________ (1)

h) eine gepolsterte Unterlage, auf der man schläft: ____________ (2)

i) sein Auto abstellen; es … ____________ (3)

Lösungswort:

Sich schriftlich äußern

Tagebuch schreiben

Ein Tagebuch ist etwas ganz **Persönliches.** Man schreibt hinein, wenn man etwas erlebt hat, das sehr beeindruckend war und über das man noch nachdenken möchte. Vielleicht will man auch sicherstellen, dass man das Erlebte nicht vergisst. Sogar ganz **geheime Gedanken und Wünsche** kann man hineinschreiben; schließlich ist ein Tagebuch nicht für andere Leser bestimmt.

Aufgabe 27 Wähle eine der beiden Figuren aus: Ritter Delorges oder Fräulein Kunigunde. Schreibe für diese Person einen Tagebucheintrag in dein Heft.

Aus diesem Tagebucheintrag sollte hervorgehen, ...

- wie die Person sich fühlt,
- was sie erlebt hat,
- warum sie so gehandelt hat,
- welche Gedanken ihr gekommen sind und
- ob sie für die Zukunft etwas gelernt hat.

Bedenke, dass die Handlung im Mittelalter spielt, und zwar unter vornehmen Adligen. Versuche, den Tagebucheintrag so zu schreiben, dass er zu einem Adligen passt. Schreibe also nicht etwa: „Ich bin stinksauer." Das klingt nicht vornehm genug. Schreibe stattdessen: „Ich bin empört."

Kapitel 9: Der Ameisenstaat

Der Ameisenstaat

Es gibt Tiere, die nur in einer Gemeinschaft leben können. Das ist vor allem bei den Insekten der Fall, z. B. bei den Ameisen. Fast alle Ameisen sind Staaten bildende Insekten. Sie leben in Nestern, die sich entweder in der Erde befinden oder die oberhalb der Erde in einem Haufen angelegt sind.

In einem Ameisenstaat gibt es drei Arten von Ameisen: geflügelte Weibchen, geflügelte Männchen und ungeflügelte Weibchen. Die geflügelten Weibchen sind die Königinnen; zusammen mit den geflügelten Männchen sorgen sie für die Nachkommen. Das eigentliche „Volk" in einem Ameisenstaat wird von den ungeflügelten Weibchen gebildet. Diese dienen als Arbeiterinnen.

Wie willenlose Roboter sorgen die Arbeiterinnen dafür, dass alle Arbeiten, die im Ameisenstaat anfallen, erledigt werden: Sie holen Nahrung, schleppen Material für den Bau des Nestes herbei, kümmern sich um die Verteidigung und erledigen die regelmäßig anfallenden Reparaturen. Jede Arbeiterin hat eine bestimmte Aufgabe, die in ihrer Erbmasse festgelegt ist, und sie führt ihre Arbeiten bedingungslos aus. Nur um eine Aufgabe kümmern sich die Arbeiterinnen nicht: um die Fortpflanzung. Die ist den Königinnen vorbehalten.

An einem warmen, schwülen Sommertag kann man manchmal sehen, wie plötzlich viele Schwarze Wegameisen (Lasius Niger) zwischen einzelnen Pflastersteinen aufsteigen und durch die Luft fliegen. Das sind die geflügelten Weibchen und die geflügelten Männchen. Sie haben ihre Erdnester verlassen, um sich zu paaren. Bei einem Paarungsflug werden die Königinnen von den stärksten Männchen befruchtet. Die Männchen, die eine Königin befruchtet haben, sterben bald danach, denn die Befruchtung einer Königin ist ihre einzige Aufgabe. Die Weibchen lassen sich nach der Befruchtung an Grashalmen nieder; sie werfen nun ihre Flügel ab und beginnen mit dem Aufbau eines neuen Ameisenstaates.

Der Bau eines Ameisenhaufens erfordert gewaltige Leistungen. Tannennadeln werden von einzelnen Tieren getragen; dabei übersteigt das Gewicht einer Tannennadel bei Weitem das Körpergewicht einer Ameise. Kleine Zweige werden von mehreren Tieren gemeinsam getragen.

Die Ameisen sind bewundernswerte Baumeister. Das gilt vor allem für die Roten Waldameisen. Nicht selten findet man im Wald Haufen, die einen oder sogar zwei Meter hoch sind. Was man von einem Ameisenbau sehen kann, ist aber nur die oberste Lage; diese besteht aus Zweigstücken, Sandkörnern, Grashalmen, Knospenschuppen, Tannennadeln und Holzsplittern. Unter der Deckschicht befindet sich eine gut 50 cm dicke Schicht aus gröberem Material, in dem die Brutkammern und die Laufgänge liegen. Hier werden Eier, Larven und Puppen gelagert und versorgt. Im Boden befindet sich das Erdnest, das aus vielen Gängen besteht. Im Winter ziehen sich die Ameisen dorthin zurück, um auf wärmere Zeiten zu warten.

Die Rote Waldameise ernährt sich von toten Insekten oder sie vertilgt andere Schädlinge. Deshalb ist sie sehr wichtig für den Lebensraum Wald. Nicht ohne Grund steht sie deshalb auch unter Naturschutz, und in vielen Wäldern sind ihre Haufen durch Drahtgitter geschützt.

Unter den Ameisenstaaten kommt es aber auch zu kriegerischen Überfällen. Wenn z. B. eine Königin der Schwarzen Holzameise (Lasius fuliginosus) befruchtet worden ist, dringt sie in das Nest anderer Ameisen ein, tötet dort die Königin und macht sich zur Herrscherin über deren Arbeiterinnen. Um ihr eigenes Volk aufzubauen, betreibt sie also eine Art Sklavendienst. Allerdings ist die getötete Königin keineswegs nur Opfer, sondern auch Täter: In ihrer Jugend hat sie ein Nest von Schwarzen Wegameisen übernommen und deren Volk in gleicher Weise für sich arbeiten lassen.

In dem vereinnahmten Nest kann die Schwarze Holzameise zwar eine Zeit lang gut leben, aber die Kopfzahl dieses Volkes nimmt rasch zu, sodass es bald zu eng wird. Dann müssen die Arbeiterinnen weiteren Wohnraum schaffen. Sie fangen an, den Untergrund zu durchlöchern und tragen Baumaterial herbei. Hunderte von Kammern werden nun gebaut, in denen immer mehr Ameisen herangezogen werden.

Den Text verstehen

Aufgabe 1 Was ist das Besondere an der Lebensform der Ameisen? Ergänze den gegebenen Satz.

Sie können nur in ______________________ leben.

Aufgabe 2 Wo befinden sich die Nester von Ameisen? Kreuze an.

- [ ] oberhalb der Erde
- [ ] unterhalb der Erde
- [ ] oberhalb und unterhalb der Erde

Aufgabe 3 In einem Ameisenstaat gibt es drei verschiedene Arten von Ameisen. Fülle die Lücken aus.

a) Es gibt Weibchen, die ______________________ haben.

b) Es gibt ______________________, die Flügel haben.

c) Es gibt Weibchen, die keine ______________________ haben.

Aufgabe 4 Wie heißen die Ameisen, von denen es am meisten gibt?

Man nennt sie die ______________________

Aufgabe 5 Wie heißen die Ameisen, von denen es am wenigsten gibt?

Man nennt sie die ______________________

Aufgabe 6 Welche Ameisen sorgen für die Fortpflanzung?

Das sind die ______________________ und die ______________________

Aufgabe 7 Welche Ameisen sterben, sobald eine Befruchtung erfolgt ist – und warum?

Das sind die ______________________. Sie sterben,

weil sie dann ______________________

Aufgabe 8 Welche Ameise verliert ihre Flügel, kurz nachdem eine Befruchtung stattgefunden hat, und was tut sie dann?

Die ______________________________ verliert ihre Flügel.

Sie beginnt dann mit ______________________________

____

Aufgabe 9 Welche Ameisen sind besonders gute Baumeister – und wo leben sie?

Das sind die ______________________________

Sie leben ______________________________

Aufgabe 10 Wie hoch können Ameisenhaufen werden? Kreuze an.

☐ bis zu einem Meter
☐ einen bis zwei Meter
☐ über zwei Meter

Aufgabe 11 Woraus bestehen Ameisenhaufen? Nenne drei Bestandteile.

a) ______________________________

b) ______________________________

c) ______________________________

Aufgabe 12 Warum ist das, was die Arbeiterinnen leisten, geradezu bewundernswert? Streiche von den blau gedruckten Wörtern diejenigen durch, die nicht stimmen. Wie viel wiegt eine Tannennadel? Sie wiegt **weniger als/genauso viel wie/ mehr als** eine Ameise.

Aufgabe 13 Wie viele Ameisen bewerkstelligen den Transport einer Tannennadel? Nenne die Zahl.

____

Aufgabe 14 Wie viele Ameisen tragen einen kleinen Zweig? Fülle die Lücke.

Ein kleiner Zweig wird von ______________________ Ameisen getragen.

Aufgabe 15 Wann kommt es zu einem „kriegerischen Überfall“ auf einen anderen Ameisenstaat?

Das geschieht, nachdem ______________________________________

____

____

Aufgabe 16 Warum ist eine bei einem Überfall getötete Königin sowohl Opfer als auch Täter? Erkläre.

____

____

____

Aufgabe 17 Warum hat bald auch die siegreiche Königin ein Problem?

____

____

Die Sprache untersuchen

Zeitliche Zusammenhänge ausdrücken

Um auszudrücken, ob zwei Ereignisse **gleichzeitig** oder **nacheinander** geschehen, gibt es **bestimmte Konjunktionen.**

Beispiele: Einige Ameisen holen Nahrung. Andere Ameisen kümmern sich um die Verteidigung.
Während einige Ameisen Nahrung holen, kümmern sich andere um die Verteidigung. **(Gleichzeitigkeit:** Beides passiert zur gleichen Zeit.)

Ein geflügeltes Männchen hat eine Königin befruchtet. Es stirbt.
Nachdem ein geflügeltes Männchen eine Königin befruchtet hat, stirbt es.
(Vorzeitigkeit: Erst passiert das eine, dann das andere.)

Diese Konjunktionen drücken **Gleichzeitigkeit** aus: während, als, wenn
Diese Konjunktionen drücken **Vorzeitigkeit** aus: als, wenn, nachdem, bevor

Hinweis: Die Vorzeitigkeit wird auch durch das **Tempus** ausgedrückt. Dabei gibt es zwei Möglichkeiten:

- Das, was **früher** geschehen ist, steht im **Perfekt,** und das, was **danach** geschieht, steht im **Präsens.**
  Beispiel: **Nachdem** er den Fernseher **ausgeschaltet hat, arbeitet** er noch am Computer.
- Das, was früher geschehen ist, steht im **Plusquamperfekt,** und das, was danach geschieht, steht im **Präteritum.**
  Beispiel: **Als** die Besucher ihn **verlassen hatten, ging** er ins Bett.

Aufgabe 18 Geschieht beides gleichzeitig oder nacheinander? Kennzeichne die Satzpaare entsprechend (**G** = gleichzeitig; **N** = nacheinander).

a) Die Feuerwehr rettete zwei Dackeln das Leben, nachdem die Besitzer der beiden Tiere sie um Hilfe gebeten hatten. (____)

b) Die Hunde waren ihnen davongelaufen, als sie einen Moment lang unachtsam gewesen waren. (____)

c) Sie bekamen gerade noch mit, dass ihre kleinen Lieblinge in einem Hasenbau verschwanden. (____)

d) Bevor sie die Feuerwehr alarmierten, ließen sie aber nichts unversucht, um die Tiere aus dem Hasenbau wieder herauszulocken. (____)

e) Nachdem alle Versuche fehlgeschlagen waren, riefen sie doch bei der Feuerwache an. (____)

f) Ein Feuerwehrmann berichtete, dass sich die Hunde mit dem Halsband an einer Baumwurzel verhakt hatten. (____)

g) Als die Feuerwehr beim Hasenbau angekommen war, mussten die Männer einen etwa 25 Meter langen und 1,50 Meter tiefen Graben ausheben. (____)

h) Die Rettungsaktion dauerte drei Stunden; in dieser Zeit hoben die Männer insgesamt 20 Kubikmeter Erde, Sand und Wurzelwerk aus. (____)

i) Als die Hunde wieder bei ihren Besitzern waren, waren diese überglücklich. (____)

Aufgabe 19 Verbinde die Satzpaare miteinander. Verwende dafür die Konjunktionen „nachdem“ oder „als“. Achte auf das richtige Tempus. (Die Sätze in der linken Spalte musst du ins Plusquamperfekt setzen!) Das erste Beispiel ist schon vorgegeben.

Das passiert zuerst	Das passiert danach
a) Robinson Crusoe rüstete sein Schiff für eine lange Reise aus.	Er stach 1659 in See.
b) Er steuerte mehrere Tage an der Küste Brasiliens entlang.	Ein heftiger Wirbelsturm trieb das Schiff vom Kurs ab.
c) Die Mannschaft rettete sich in ein Boot.	Robinson Crusoe gab das Schiff auf.
d) Eine haushohe Welle ergriff das Boot.	Es kenterte.
e) Robinson landete auf einer Insel.	Er kam zu sich.
f) Er suchte vergeblich Menschen.	Er hielt nach einem Nachtlager Ausschau.
g) Die Dunkelheit brach überraschend herein.	Er kletterte auf einen Baum.

a) Als Robinson Crusoe sein Schiff für eine lange Reise ausgerüstet hatte, stach er 1659 in See.

b) Nachdem er mehrere Tage lang an der Küste Brasiliens entlang ____________

____________ war, trieb ______________________________ ab.

c) Nachdem die Mannschaft sich ______________________________,

gab ______________________________

d) Als eine haushohe Welle ______________________________,

____

e) ____________________

____

f) ____________________

____

____

g) ____________________

____

____

Richtig schreiben

Verschiedene s-Laute
In den meisten Regionen von Deutschland gibt es zwei Arten von s-Lauten: diejenigen, die **scharf** gesprochen werden, und diejenigen, die **weich** gesprochen werden. Wenn der s-Laut scharf gesprochen wird, klingt er so, wie man sich das Zischen einer Schlange vorstellt; wenn er weich gesprochen wird, klingt er wie das Summen einer Biene.

Scharf klingt der **s-Laut** z. B. in diesen Wörtern: Wü**s**te, Ki**ss**en, flei**ß**ig, hä**ss**lich, Kla**ss**e
Weich klingt der **s-Laut** in diesen Wörtern: Ra**s**en, lei**s**e, **s**agen, ein**s**am, le**s**en, In**s**el

Probier einmal aus, ob du einen Unterschied hörst zwischen den Wörtern rei**s**en (weiches s) und rei**ß**en (scharfes s) oder Na**s**e (weiches s) und Stra**ß**e (scharfes s). Hörst du den Unterschied zwischen dem weichen s und dem scharfen s? Wenn beide s-Laute für dich **gleich klingen**, lebst du in einer Gegend, in der die zwei Arten von s-Lauten nicht unterschieden werden. Dann musst du die richtige Schreibweise der Wörter **auswendig lernen!**

Hinweis: Bei Wörtern, die am Anfang einer Silbe das Buchstabenpaar **sp-** oder **st-** haben, wird das s als **sch-Laut** gesprochen: Man spricht **schp-** oder **scht-.** (Trotzdem darf man nur **sp-** oder **st-** schreiben!)
Beispiele: Spaß, spielen, Stachel, stolz

Aufgabe 20 Weicher oder scharfer s-Laut? Entscheide! Kennzeichne mit „w“ oder „s“.

a) Reise: ____	b) fleißig: ____	c) wissen: ____
d) Kiste: ____	e) Masern: ____	f) Sonne: ____
g) Wiese: ____	h) Klasse: ____	i) Mast: ____
j) Füße: ____	k) Lösung: ____	l) Besen: ____
m) essen: ____	n) Hose: ____	o) Sieger: ____

p) hastig: ____	q) festlich: ____	r) Gasse: ____
s) Grüße: ____	t) kostbar: ____	u) Muster: ____
v) Nase: ____	w) basteln ____	x) Käse: ____

Aufgabe 21 Suche aus dem Text über den Ameisenstaat zehn Wörter mit s-Laut heraus (fünf mit weichem s-Laut und fünf mit scharfem s-Laut). Trage die Wörter in die Tabelle ein.

weicher s-Laut	**scharfer s-Laut**

Den s-Laut richtig schreiben

- Den **weichen s-Laut** schreibt man immer mit einem **s.** Es gibt keine Ausnahmen.
  Beispiele: **S**onne, Ei**s**en, Wie**s**e, **s**ehen, hei**s**er
- Den **scharfen s-Laut** schreibt man in der Regel entweder mit **ss** oder mit **ß.**
  Mit **ss** schreibt man den **scharfen s-Laut,** wenn der **Vokal vor dem s-Laut kurz gesprochen** wird.
  Beispiele: wi**ss**en, Wa**ss**er, la**ss**en, be**ss**er, mü**ss**en
  Mit **ß** schreibt man den **scharfen s-Laut,** wenn der **Vokal vor dem s-Laut lang gesprochen** wird.
  Beispiele: Grü**ß**e, Ma**ß,** flei**ß**ig, Mu**ß**e, Spa**ß**

Aufgabe 22 Wie ist es richtig: ss oder ß? Trage die fehlenden Buchstaben in die Lücken ein. Schreibe die Wörter anschließend noch einmal daneben.

a) das Ki____en → ____________________

b) die Ma____e (eine Menge) → ____________________

c) die Ma____e (was man gemessen hat) → ____________________

d) bei____en → ____________________

e) das Me____er → ____________________

f) flü____ig → ____________________

g) der Bi____en → ____________________

h) (für etwas) bü____en → ____________________

i) sto____en → ____________________

j) me____en (z. B. die Länge von etwas) → ____________________

k) rei____en (= zerren, stark ziehen) → ____________________

l) Nü____e → ____________________

m) (Blumen) gie____en → ____________________

n) flie____en (Wasser) → ____________________

o) (ich) hei____e → ____________________

p) (etwas) anfa____en → ____________________

q) (etwas) verge____en → ____________________

Den s-Laut richtig schreiben: Sonderfälle

- Bei einigen Wörtern wird der **s-Laut scharf gesprochen,** aber es wird trotzdem nur ein **s** geschrieben. Das ist z. B. dann der Fall, wenn der s-Laut am **Ende** eines Wortes steht
  Beispiel: Mau**s**

  Hinweis: Um herauszufinden, ob man einen scharf gesprochenen **s-Laut nur mit s** schreibt, **verlängert** man **das Wort** und prüft, ob der s-Laut dann weich gesprochen wird. Wenn das der Fall ist, schreibt man **s.**
  Beispiel: Mau**s** (scharfes **s** am Wortende) → Mäu**s**e (weiches **s**), also Mau**s.**
  (Aber: Bu**s** – Bu**ss**e!)

- Bei einem **scharfen s-Laut** wird oft nur ein **s** geschrieben, wenn der **s-Laut am Ende einer Silbe steht** und wenn ein **t** oder **p folgt.**
  Beispiele: Mu**s**ter, ha**s**tig, Ki**s**te, Wü**s**te, Ka**s**per, We**s**pe

  Hinweis: Wenn man unsicher ist, sollte man überlegen, ob es **von dem Wort** auch **eine Form ohne t oder p** gibt. Nur, wenn das der Fall ist, schreibt man **ss.** Wenn es **kein Wort ohne t oder p** gibt, schreibt man nur ein **s.**
  Beispiele: ha**s**tig → ? (Es gibt kein Wort ohne t, also s!)
  Er mu**ss**te → mü**ss**en (Es gibt ein Wort ohne t, also ss!)

Aufgabe 23 Wie ist es richtig: „s“ oder „ss“? Trage die fehlenden Buchstaben richtig in die Lücken ein. Schreibe den „Beweis“ rechts daneben. Verfahre so:

- Schreibe „?“, wenn es kein verwandtes Wort ohne „t“ oder „p“ gibt.
- Schreibe das „Beweiswort“ auf, wenn es ein Wort gibt ohne „t“ oder „p“.

s oder ss?	**Mein Beweis**
lu_____tig	
pu_____ten	
(er) kü_____te (seine Mutter)	
(er) wu_____te (Bescheid)	
(der) La_____ter	
(die) Kno_____pe	
(der) Ka_____ten	
(sie) pa_____ten (auf)	
ro_____tig	
(der) Verlu_____t	
Re_____t (was übrig geblieben ist)	

Sich schriftlich äußern

Einen Leserbrief schreiben

Man schreibt einen Leserbrief dann, wenn man in der Zeitung etwas gelesen hat, zu dem man seine Meinung äußern möchte. Man hofft natürlich darauf, dass die Zeitung den Leserbrief auch veröffentlicht. Beim Schreiben eines Leserbriefes sollte man folgende Regeln beachten:

- Man sollte sagen, **auf welchen Zeitungsartikel man sich bezieht.** Das teilt man besten gleich in der Überschrift mit, also so: „Zum Artikel … von …, erschienen am …“
- Man sollte **in Kürze** sagen, **worum es** in dem Artikel **ging.** Falls der Leserbrief gedruckt wird, können sich alle Leser sofort daran erinnern.
- Man sollte sagen, was man von dem Zeitungsartikel hält. Dabei genügt es, wenn man sich zu dem äußert, was einem **am wichtigsten** ist.
- Man sollte **begründen,** wie man zu dieser Meinung kommt. Wenn man nämlich nur schreiben würde: „Das finde ich unmöglich!“, oder: „Das finde ich prima!“, wäre das nicht sehr überzeugend.

Aufgabe 24 Schreibe einen Leserbrief an eine Lokalzeitung. Stell dir vor, du hast vor kurzem einen Zeitungsartikel gelesen, in dem über Folgendes berichtet wurde:

Im Erholungswald in der Nähe deines Heimatortes sind seit einiger Zeit immer wieder Ameisenhaufen zerstört worden. Nach Aussagen von Spaziergängern waren es Jugendliche, die sich in ihrer Freizeit einen „Spaß" daraus gemacht haben, diese Wunderwerke der Ameisenbaukunst zu zertrampeln.

Du findest das unmöglich und möchtest das den Lesern mitteilen. Im Einzelnen willst du Folgendes sagen:

- Du erwähnst kurz, was du in dem Zeitungsartikel gelesen hast.
- Du sagst, wie empört du über diese gedankenlose Zerstörungswut bist.
- Du sagst, wie bewundernswert es ist, was die Roten Waldameisen leisten, wenn sie einen Ameisenhaufen bauen, und nennst dazu ein paar Einzelheiten.
- Du weist darauf hin, dass die Rote Waldameise unter Naturschutz steht, weil sie für den Lebensraum Wald von großer Bedeutung ist.

Hinweis: Vergiss nicht, die Merkmale eines Briefes einzuhalten (Ort, Datum, Anrede, Schlussgruß).

Kapitel 10: Eine Hirtenlegende

Max Bollinger: Eine Hirtenlegende

Es war einmal ein Hirte, der lebte auf einem Felde in der Nähe Bethlehems.
Er war groß und stark, aber er hinkte und konnte nur an Krücken gehen. Darum saß er meistens mürrisch am Feuer und sah zu, dass es nicht ausging. Die andern Hirten fürchteten ihn.
Als den Hirten in der Heiligen Nacht ein Engel erschien und die frohe Botschaft verkündete, da wandte er sich ab. Und als sie sich aufmachten, um das Kind zu finden, so, wie es ihnen der Engel gesagt hatte, blieb er allein am Feuer zurück.
Er schaute ihnen nach, sah, wie das Licht ihrer Lampen kleiner wurde und sich in der Dunkelheit verlor.
„Lauft! Lauft! Was wird es schon sein? Ein Spuk, ein Traum!"
Die Schafe rührten sich nicht.
Die Hunde rührten sich nicht.
Er hörte nur die Stille.
Er stocherte mit der Krücke in der Glut.
Er vergaß, frisches Holz aufzulegen.
Und wenn es kein Spuk, kein Traum wäre? Wenn es den Engel gab?
Er raffte sich auf, nahm die Krücken unter die Arme und humpelte davon, den Spuren der andern nach.
Als er endlich zu dem Stall kam, dämmerte bereits der Morgen.
Der Wind schlug die Tür auf und zu.
Ein Duft von fremden Gewürzen hing in der Luft.
Der Lehmboden war von vielen Füßen zertreten.
Er hatte den Ort gefunden.
Doch wo war nun das Kind, der Heiland der Welt, Christus der Herr in der Stadt Davids?
Er lachte. Es gab keine Engel.
Schadenfroh wollte er umkehren.
Da entdeckte er die kleine Kuhle, wo das Kind gelegen hatte, sah das Nestchen im Stroh. Und da wusste er nicht, wie ihm geschah.
Er kauerte vor der leeren Krippe nieder. Was machte es aus, dass das Kind ihm nicht zulächelte, dass er den Gesang der Engel nicht hörte und den Glanz Mariens[1] nicht bewunderte!

1 Mariens: von Maria

Was machte es aus, dass er nun nicht mit den andern in Bethlehem durch die Straßen zog und von dem Wunder erzählte!

Was ihm widerfahren war, konnte er nicht mit Worten beschreiben. Staunend ging er davon. Er wollte das Feuer wieder anzünden, bevor die andern Hirten zurückkamen.

Doch als er eine Weile gegangen war, merkte er, dass er seine Krücken bei der Krippe vergessen hatte. Er wollte umkehren.

Warum denn?

Zögernd ging er weiter, dann mit immer festeren Schritten.

Textsorten kennen

Legenden
In einer **Legende** wird von einem Menschen erzählt, der eine bemerkenswerte Tat vollbringt. Dabei geht es immer um den **religiösen Glauben:** Durch sein Verhalten stellt der Held seinen Glauben an Gott unter Beweis. In manchen Legenden wird auch erzählt, wie ein ungläubiger Mensch ganz plötzlich den Weg zum Glauben findet.

In einer Legende geschehen oft **Wunder,** die so gedeutet werden können, dass Gott damit ein **Zeichen** gegeben habe. Legenden sind Geschichten, die den Lesern ein **Vorbild** geben sollen; sie sollen dadurch zu einem religiösen Leben geführt werden.

Aufgabe 1 Zu welcher Art von Held gehört der Hirte in der „Hirtenlegende“? Kreuze an.
- ☐ Er war immer gläubig.
- ☐ Er hat ganz plötzlich zum Glauben gefunden.

Aufgabe 2 Von welchem Wunder wird erzählt? Ergänze, was fehlt.

Der Hirte konnte nur ______________________________

Plötzlich ______________________________

Den Text verstehen

Aufgabe 3 Zu welcher Zeit spielt die „Hirtenlegende“? Kreuze an.

Sie spielt
- ☐ in der heutigen Zeit.
- ☐ vor 300 bis 400 Jahren.
- ☐ vor mehr als 1 000 Jahren.
- ☐ vor gut 2 000 Jahren.

Aufgabe 4 Kannst du Genaueres zu der Zeit sagen? Ergänze den gegebenen Satzanfang.

Die Legende spielt in der Nacht, als ______________________________

____

Aufgabe 5 Was erfährt man über einen der Hirten? Füge die entscheidenden Informationen in die Lücken ein. (Du findest sie in den ersten vier Zeilen des Textes.)

Über sein Aussehen erfährt man: Er ist ______________________________

Über seine Gesundheit erfährt man: Er ______________________________

Über sein Verhalten erfährt man: Er ist meistens ______________________

Aufgabe 6 Welches Hilfsmittel braucht er, um im Leben zurechtzukommen? Trage das Wort ein.

Er braucht ______________________________, um laufen zu können.

Aufgabe 7 Welche frohe Botschaft hat ein Engel den Hirten verkündet? Vollende den gegebenen Satzanfang.

Er hat ihnen gesagt, dass ______________________________

Aufgabe 8 Als der Engel die frohe Botschaft verkündet, reagiert der eine Hirte wie folgt: Er „wandte sich ab". Warum tut er das? Kreuze an.

- ☐ Er hat nicht gemerkt, dass ein Engel gekommen ist.
- ☐ Er will das, was der Engel sagt, gar nicht hören.
- ☐ Er passt gerade auf, dass das Feuer nicht ausgeht.
- ☐ Er passt auf die Schafe auf.

Aufgabe 9 Warum gehen die anderen Hirten alle weg?

Sie wollen ______________________________

Aufgabe 10 Warum geht der eine Hirte nicht mit? Kreuze an.

- ☐ Er kann nicht laufen.
- ☐ Er muss aufpassen, dass das Feuer nicht ausgeht.
- ☐ Einer muss schließlich auf die Schafe aufpassen.
- ☐ Er glaubt nicht an das, was der Engel gesagt hat.
- ☐ Er ist müde.

Aufgabe 11 Nach einiger Zeit, folgt der Hirte den anderen Hirten doch noch. Wie kommt es dazu?

a) Unterstreiche im Text die zwei Fragen, die ihm plötzlich in den Sinn kommen.

b) Was könnte der Hirte in diesem Moment denken? Schreibe mögliche Gedanken in die Denkblase.

Aufgabe 12 Wie lange ist der Hirte unterwegs, bis er den Stall erreicht? Schätze!

☐ ungefähr eine halbe Stunde
☐ ungefähr eine Stunde
☐ ungefähr zwei Stunden
☐ mehr als zwei Stunden

Aufgabe 13 Wie ist die richtige Reihenfolge? Nummeriere die folgenden Sätze.

a) Er kehrt um. Nr. _____

b) Er entdeckt viele Fußspuren. Nr. _____

c) Er zweifelt daran, dass der Heiland hier geboren worden ist. Nr. _____

d) Er entdeckt eine Kuhle im Stroh. Nr. _____

e) Er will umkehren. Nr. _____

f) Er glaubt doch, dass er den Geburtsort des Heilands gefunden hat. Nr. _____

Aufgabe 14 Streiche jeweils den Satz durch, der nicht zum Text passt.

a) Der Hirte hat das Christkind gesehen. – Der Hirte hat das Christkind nicht gesehen.

b) Er ist traurig. – Er ist nicht traurig.

c) Er wäre gern mit den anderen durch die Straßen gezogen. – Es ist ihm nicht wichtig, mit den anderen durch die Straßen zu ziehen.

d) Er glaubt, dass ein Wunder geschehen ist. – Er glaubt nicht, dass ein Wunder geschehen ist.

Aufgabe 15 Was hat der Hirte im Stall vergessen?

____

Aufgabe 16 Was ist erstaunlich? Füge passende Worte in die Lücken ein.

Obwohl er ________________________________,

kann er ________________________________

Aufgabe 17

a) Welche Frage wird am Schluss gestellt? Schreibe sie heraus.

____

b) Wer stellt wem diese Frage? Kreuze an.

- ☐ Gott richtet diese Frage an den Hirten.
- ☐ Der Hirte stellt sich diese Frage selbst.
- ☐ Der Erzähler stellt dem Leser diese Frage.
- ☐ Der Erzähler richtet diese Frage an den Hirten.

c) Die Frage ist verkürzt formuliert. Wie müsste sie ausführlich lauten?

Warum ____________________________________

____

Die Sprache untersuchen

Sätze verknüpfen

Oft kann man den Sinn von zwei Sätzen deutlicher machen, wenn man sie miteinander verbindet. Zur Verbindung der Sätze verwendet man eine **Konjunktion.**

Beispiel: Der Hirte ging nicht mit. Er glaubte nicht an das Wunder.
→ Hier stehen beide Sätze zusammenhanglos nebeneinander.
Der Hirte ging nicht mit, **weil** er nicht an das Wunder glaubte.
→ Hier wird deutlich, dass der zweite Satz eine **Begründung** für den ersten Satz ist.

Wichtige Konjunktionen sind:

- **weil, da** → Begründung,
- **als, während, nachdem, bevor, (dann) wenn** → zeitlicher Zusammenhang,
- **obgleich, obwohl** → Gegensatz,
- **(nur) wenn, falls** → Bedingung,
- **sodass** → Folge,
- **dass** → Inhalt.

Satzpaare, die durch eine dieser Konjunktionen verbunden sind, nennt man ein **Satzgefüge.** Wenn zwei Sätze zu einem Satzgefüge verknüpft sind, ist einer der beiden Sätze ein **Hauptsatz** und der andere ein **Nebensatz.** Die Reihenfolge von Haupt- und Nebensatz ist nicht festgelegt.
Der **Nebensatz** heißt deshalb so, weil er nicht allein stehen kann. Man braucht einen zugehörigen Hauptsatz, damit man seinen Sinn versteht.

Beispiel: Wenn man nur liest:
Weil er nicht an das Wunder glaubte,
versteht man nicht, was gemeint ist.

Aufgabe 18 Verknüpfe die folgenden Satzpaare zu Satzgefügen. In der Klammer steht jeweils die Konjunktion, die du dazu verwenden kannst. Der erste Satz soll immer der Nebensatz werden. Vergiss nicht das Komma!

a) Der Hirte war groß und stark. – Er konnte nur an Krücken gehen. **(obwohl)**

Obwohl der Hirte ______________________________

konnte er ______________________________

b) Der Engel verkündete die frohe Botschaft. – Er wandte sich ab. **(als)**

Als ______________________________

____

c) Die anderen Hirten gingen los. – Er blieb am Feuer zurück. **(während)**

d) Alles war so still. – Er hatte viel Zeit zum Nachdenken. **(weil)**

e) Er glaubte nicht an ein Wunder. – Er machte sich doch auf den Weg. **(obwohl)**

Aufgabe 19 Kreise die Konjunktion ein und markiere anschließend den Hauptsatz.

a) Er erreichte den Stall erst, als die Sonne schon aufging.
b) Weil er zu spät kam, konnte er das Kind nicht mehr sehen.
c) Die Fußspuren zeigten ihm aber, dass er den richtigen Ort gefunden hatte.
d) Obwohl er das Kind nicht mehr sah, glaubte er plötzlich an das Wunder.
e) Er kehrte um, weil er das Feuer wieder anzünden wollte.
f) Die anderen Hirten sollten nicht frieren, wenn sie zurückkehrten.
g) Nach einer Weile merkte er, dass er seine Krücken im Stall vergessen hatte.
h) Er ging nicht mehr zurück, weil er plötzlich ohne Krücken laufen konnte.

Richtig schreiben

Dass oder das?

Man schreibt **das,**

- wenn es sich um einen **Artikel** handelt.
  Beispiele: **das** Brot, **das** Kind, **das** Gedicht, **das** Geld, **das** Buch
- wenn es sich um ein **Pronomen** handelt, also um ein Wort, das ein Stellvertreter für ein anderes Wort oder eine Wortgruppe ist.
  Beispiele: Siehst du das Auto, **das** (gemeint ist: das Auto) dort drüben parkt?
  Du hast mir noch nicht mein Buch zurückgegeben. **Das** (gemeint ist: Du hast mir noch nicht mein Buch zurückgegeben) finde ich nicht nett von dir.

Man schreibt **dass,**

- wenn es sich um eine **Konjunktion** handelt. Die Konjunktion **dass** gibt oft Ausdruck darüber, was gedacht oder gesagt wird.
  Beispiele: Ich dachte, **dass** du kommst.
  Meine Mutter sagt, **dass** wir bald verreisen.

Hinweis: Wenn man unsicher ist, ob man **das** oder **dass** schreiben soll, kann man sich die **Was-Frage** stellen. Wenn die **Antwort** auf die Was-Frage **nach** dem **dass/das** steht, schreibt man **dass.**

Beispiel: Er denkt, dass/das (?) er den Weg kennt.
→ Was denkt er?
Dass er den Weg kennt.
Die **Antwort** steht **nach dem das/dass, also** schreibt man **dass.**

Aufgabe 20 Ergänze jeweils einen Nebensatz, der mit der Konjunktion „dass" beginnt. Denke dir etwas aus.

a) Ich weiß, dass ______________________

b) Es ist bekannt, dass ______________________

c) Meine Freunde hoffen, dass ______________________

d) Meine Mutter hat mir erzählt, dass ______________________

e) Der Lehrer sagte, dass ______________________

f) Ich freue mich, dass ______________________

g) Ich habe gehört, dass ______________________

h) Es ist schön, dass ______________________

Aufgabe 21 Wie ist es richtig: „dass“ oder „das“? Streiche das falsche Wort durch.

a) Die Hirten hatten gehört, **das/dass** der ersehnte Heiland geboren worden war.

b) Sie machten sich auf den Weg. Sie wollten das Kind sehen, **das/dass** in einem Stall liegen sollte.

c) Ein Hirte blieb zurück, denn er glaubte nicht daran, **das/dass** es dieses Kind gab.

d) Aber plötzlich dachte er, **das/dass** die frohe Botschaft doch wahr sein könnte.

e) Er ging los und fand tatsächlich in einem Stall ein Nestchen, **das/dass** im Stroh entstanden war.

f) Da wusste er, **das/dass** der Engel Recht gehabt hatte.

g) Als er zurückging, merkte er, **das/dass** er seine Krücken vergessen hatte.

h) Überrascht stellte er fest, **das/dass** er nicht mehr hinkte.

i) Da wusste er, **das/dass** ein Wunder geschehen war. **Das/dass** hätte er nicht gedacht

Der Buchstabe h in der Wortmitte

Der Buchstabe **h in der Mitte von Wörtern** kann unterschiedliche Aufgaben erfüllen:

- Das h zeigt an, dass der **vorangehende Vokal lang gesprochen wird.** Man hört dieses h gar nicht. Ein solches h in der Wortmitte heißt deshalb auch **Dehnungs-h.**
  Beispiele: So**h**n, Za**h**l, wo**h**nen, (sich) se**h**nen, Ra**h**m, Lo**h**n, za**h**m, Ho**h**n, fa**h**ren
  Hinweis: Ein Dehnungs-h steht **nur vor** den Konsonanten **l, m, n** und **r.**

- Das **h** kennzeichnet den Anfang einer neuen Silbe.
  Beispiele: ge|**h**en, se|**h**en, flie|**h**en, ste|**h**en, Ru|**h**e
  Man kann dieses **h** ein wenig hören. (Es hört sich an wie ein gehauchtes **j.)**
  Hinweis: Die meisten Wörter, in denen ein Vokal lang gesprochen wird, enthalten kein Dehnungs-h.
  Beispiele: Tom**a**te, V**a**ter, B**e**sen, W**a**gen, b**a**den, l**e**sen, B**o**te, R**e**gen, N**a**del, H**u**t, sp**a**ren

Es gelten deshalb diese **Grundregeln:**

- Am besten lernt man die wichtigsten Wörter mit Dehnungs-h auswendig!
- Man sollte daran denken, dass das Dehnungs-h nur vor **l, m, n** oder **r** steht.

Aufgabe 22

Unterstreiche in dem folgenden Text alle Wörter, die im Wortinnern ein „h" haben. Trage sie in die entsprechende Spalte der Tabelle ein.

Ein Hirte lebte zusammen mit anderen Hirten auf einem Feld in der Nähe einer kleinen Stadt. Er war groß und stark, aber er hinkte und konnte nur mit Krücken gehen. Darum saß er meistens am Feuer, um zuzusehen, dass es nicht ausging. Als der Engel die frohe Botschaft von der Geburt Jesu verkündete, glaubte er nicht daran. Er lehnte es ab, sich auf den Weg zum Stall zu machen. Allmählich kamen ihm aber doch Zweifel, und er fragte sich, ob vielleicht doch ein Wunder geschehen war. Da nahm er seine Krücken und ging los. Als er den Stall erreichte, war aber niemand mehr zu sehen. Fast wollte er schon wieder umkehren. Aber dann entdeckte er eine kleine Kuhle im Stroh. Dort hatte das Kind gelegen. Als er zurückging, brauchte er keine Krücken mehr.

Wörter mit Dehnungs-h	Wörter mit h am Anfang einer Silbe

Aufgabe 23 Im Kasten liest du Wörter, die in der Mitte ein Dehnungs-h haben. Trage sie in die Tabelle ein.

Bahn, Bahre, begehren, berühmt, Bohne, bohren, Dohle, Ehre, ermahnen, ernähren, Fahne, fahren, Fehler, Fohlen, fühlen, führen, gähnen, hohl, ihm, kahl, Kehle, Kohl, kühn, lahm, Lehm, Lehne, Lehrer, Lohn, nehmen, Rahm, Rahmen, Ruhm

Nach h folgt l	Nach h folgt m	Nach h folgt n	Nach h folgt r

Sich schriftlich äußern

Ein Interview aufschreiben

Interviews kann man in Zeitungen lesen oder im Radio oder Fernsehen hören. Wörtlich übersetzt bedeutet das Wort **Interview:** „Blick hinein" (inter = zwischen; view = Blick). Wer ein Interview durchführt, versucht also, in eine Persönlichkeit hineinzusehen. Meist sind es berühmte Persönlichkeiten, die von Reportern befragt werden, oder auch Personen, die etwas Besonderes erlebt haben. Sie werden **nach ihren Erfahrungen und Erlebnissen befragt.** Solche Interviews werden veröffentlicht, weil man davon ausgeht, dass sich viele Menschen dafür interessieren. Wenn Interviews in Zeitungen veröffentlicht werden, sind immer abwechselnd die Fragen des Reporters und die Antworten der interviewten Person abgedruckt.

Aufgabe 24 Unternimm eine Zeitreise in die Vergangenheit. Bitte den Hirten aus der Hirtenlegende um ein Interview. Die Fragen hast du dir vorher notiert. Was, glaubst du, würde der Hirte antworten? Ergänze, was er sagen könnte.

Wundersame Heilung

REPORTER: Stimmt es, dass Sie früher behindert waren?

HIRTE: Ja, ich ______________________________

____

REPORTER: Seit wann können Sie ohne Krücken gehen?

HIRTE: Seit der Nacht, in der ______________________________

____

REPORTER: Wie war das in dieser Nacht?

HIRTE: Ein Engel ______________________________

____

Die anderen Hirten ______________________________

____

Ich aber ______________________________

REPORTER: Warum gingen Sie nicht gleich mit?

HIRTE: ______________________________

____

____

____

REPORTER: Und wie kam es, dass Sie sich doch noch auf den Weg machten?

HIRTE: ______________________________

____

____

____

REPORTER: Haben Sie das Christkind in der Krippe gesehen?

HIRTE: ______________________________

REPORTER: Woher wussten Sie denn dann, dass es der richtige Stall war?

HIRTE: Da waren ____________________

____

Und außerdem ____________________

____

____

REPORTER: Wann merkten Sie, dass Sie plötzlich normal gehen konnten?

HIRTE: ____________________

____

____

REPORTER: Haben Sie eine Erklärung für Ihre Heilung?

HIRTE: Ja, da bin ich mir ganz sicher. ____________________

____

____

____

REPORTER: Was sagten denn Ihre Kollegen zu Ihrer Heilung?

HIRTE: ____________________

REPORTER: Hat sich Ihr Leben anschließend geändert?

HIRTE: Natürlich! Am wichtigsten ist für mich, dass ____________________

____

____

____

____

REPORTER: Vielen Dank für das Gespräch.

Test

Wind als Geldmaschine

Es gibt Leute, bei denen schlägt das Herz höher, wenn der Wind so richtig pfeift. Wenn er das wochen- oder monatelang tut, ist ihre Freude grenzenlos. Das eigenartige Verhalten dieser Menschen lässt sich leicht erklären: Es handelt sich um die Betreiber von Windkraftanlagen. Sie machen also mit Wind Geld, ganz ordentlich sogar. (...)

Begonnen hat alles im 10. Jahrhundert bei den Persern und Afghanen, die Pioniere[1] beim Bau von Windkraftanlagen waren. Sie nutzten die Windenergie hauptsächlich, um ihre Mahlmaschinen in Bewegung zu setzen. Mit den Windkraftanlagen von heute hatten die damaligen Windräder aber wenig gemeinsam: Sie bauten eine einfache Hütte, und in Dachhöhe fixierten sie ein paar Windflügel. Schon vor dem Bau der Windmühle war zu überlegen, in welche Richtung man das Haus baute, denn die Flügel waren nur nach einer Himmelsrichtung ausgerichtet. War das Ding einmal gebaut und kam der Wind mal von einer anderen Richtung, stand die Mühle still.

Die Holländer waren da schon raffinierter, als sie im 17. Jahrhundert die ersten Windmühlen konstruierten, die drehbare Rotorblätter[2] hatten. Ihr könnt euch das so vorstellen: Das Dach des Mühlenhauses war beweglich – ähnlich wie bei einer Pfeffermühle. Die Flügel waren auf dem Dach montiert, und so konnte die Windmühle jede Änderung der Windrichtung mitmachen.

Tausende dieser „Hollandmühlen" waren im Gebrauch. (...) Auch in Deutschland gab es in der Blütezeit bis zu 20 000 dieser Windmühlen. Das war Ende des 19. Jahrhunderts. Als dann die technischen Errungenschaften wie das Automobil, das elektrische Licht und die Eisenbahn aufkamen, wurde es um die Windmühle schlagartig ruhig. Kohle, Öl, Gas und Wasserkraft waren plötzlich gefragt, die waren wirtschaftlicher und brachten einfach mehr Strom als Windkraft.

Fast 100 Jahre brauchte es, bis man merkte, dass Kohle, Erdöl und Erdgas zwei Haken haben: Sie sind nicht für immer und ewig da, irgendwann gehen die Rohstoffe aus (man nennt sie daher auch „nicht erneuerbare Rohstoffe") – erster Haken. Beim Verbrennen dieser Rohstoffe entstehen Schadstoffe, die

1 Pioniere: Wegbereiter (Personen, die als Erste etwas Neues ausprobieren)

2 Rotorblätter: Gemeint sind Windmühlenblätter, die sich drehen können (sie „rotieren").

unserer Umwelt ordentlich zusetzen – zweiter Haken. Neue Energieformen waren gefragt, und siehe da: Das Windrad war wieder da. Schlanker, größer und vor allem – leistungsstärker. Seit 1980 herum wachsen aus grünen Wiesen immer mehr surrende Windkraftanlagen empor. Heute gibt es ganze Wälder davon, die dann Windparks heißen – und so ein Windpark mit bis zu 100 Einzelanlagen kann ganze Städte mit Strom versorgen. In der Technik der Windkraftanlagen hat sich viel getan: Konnte 1987 die größte Windkraftanlage etwa fünf bis zehn Familien mit Strom beliefern, schaffen die neuesten locker 1 000 Haushalte, das ist das 100fache! (...)

Den Text verstehen

Aufgabe 1 Was bedeutet es, dass einigen Leuten „das Herz höher schlägt", wenn draußen ein starker Wind weht? Kreuze an, was am besten passt.

☐ Sie ärgern sich.
☐ Sie freuen sich.
☐ Sie sind aufgeregt.

Für die richtige Lösung gibt es 1 Punkt.	**Gesamtpunktzahl: 1**

Aufgabe 2 Erkläre, warum das Verhalten dieser Menschen als „eigenartig" bezeichnet wird. Streiche von den blau gedruckten Wörtern diejenigen durch, die nicht passen.

Normalerweise ist es so, dass sich **fast alle/viele/einige/nur wenige** Menschen freuen, wenn draußen ein **sanfter/heftiger** Wind weht.

Für jede richtige Lösung gibt es 1 Punkt.	**Gesamtpunktzahl: 2**

Aufgabe 3 Von welchen Menschen ist im ersten Absatz die Rede? Ergänze den gegebenen Satzanfang.

Es handelt sich um ______________________________

Für die richtige Lösung gibt es 1 Punkt.	**Gesamtpunktzahl: 1**

Aufgabe 4 Was machen diese Menschen? Trage die fehlenden Wörter in die Lücken ein.

Sie machen ______________________________ mit ______________________________

Für jede richtige Ergänzung gibt es 1 Punkt.	**Gesamtpunktzahl: 2**

Aufgabe 5 Wer waren die Pioniere beim Bau von Windkraftanlagen? Antworte mit einem vollständigen Satz.

____

Für die richtige Lösung gibt es 2 Punkte.	**Gesamtpunktzahl: 2**

Aufgabe 6 Was musste man beim Bau der ersten Windkraftanlagen ganz genau überlegen? Streiche von den blau gedruckten Wörtern jeweils die unpassenden durch.

Man musste überlegen, woher der Wind **meistens/manchmal/nie** kam, denn man konnte die Richtung der Windflügel **ändern/nicht ändern.** Wenn die Richtung **stimmte/nicht stimmte,** standen die Windflügel **still/nicht still.**

Für jede richtige Lösung gibt es 0,5 Punkte.	**Gesamtpunktzahl: 2**

Aufgabe 7 Wofür nutzten die Perser und Afghanen ihre Windmühlen? Ergänze das fehlende Wort.

Sie nutzten ihre Windmühlen als ______________________________

Für die richtige Ergänzung gibt es 1 Punkt.	**Gesamtpunktzahl: 1**

Aufgabe 8 Was war bei den ersten Windmühlen der Holländer so raffiniert? Ergänze, was fehlt.

Sie konstruierten Windmühlen, bei denen das __________ ______________ war. Deshalb konnte das __________ der Windmühle gedreht werden, wenn der Wind aus einer anderen ________________ kam.

Für jede richtige Ergänzung gibt es 0,5 Punkte.	**Gesamtpunktzahl: 2**

Aufgabe 9 Mit welchem Haushaltsgegenstand werden die Dächer der ersten holländischen Windmühlen verglichen?

Sie werden mit ______________________________________ verglichen.

Für die richtige Ergänzung gibt es 1 Punkt.	**Gesamtpunktzahl: 1**

Aufgabe 10 Was bedeutet es, wenn von der „Blütezeit“ der Windmühlen die Rede ist? Kreuze an.

- ☐ Die Windmühlen arbeiteten nur im Frühling und im Sommer.
- ☐ Das war die Zeit, als es die meisten Windmühlen gab.
- ☐ Windmühlen sahen aus wie Blüten in der Landschaft.

Für die richtige Lösung gibt es 1 Punkt.	**Gesamtpunktzahl: 1**

Aufgabe 11 Welche technischen Errungenschaften führten dazu, dass die Windmühlen plötzlich nicht mehr so wichtig waren? Nenne sie.

1. ____

2. ____

3. ____

Für jede richtige Lösung gibt es 1 Punkt.	**Gesamtpunktzahl: 3**

Aufgabe 12 Welche Energien wurden danach eingesetzt, um Strom zu erzeugen? Nenne sie.

1. ______________________ 3. ______________________

2. ______________________ 4. ______________________

Für jede richtige Lösung gibt es 0,5 Punkte.	**Gesamtpunktzahl: 2**

Aufgabe 13 Welchen Vorteil hatten die neuen Energien? Unterstreiche die Textstelle, die darüber Auskunft gibt.

Für die richtige Unterstreichung gibt es 2 Punkte.	**Gesamtpunktzahl: 2**

Aufgabe 14 Wie lange dauerte es, bis man merkte, dass die neuen Energien auch Nachteile haben? Kreuze an, was stimmt.

☐ weniger als 100 Jahre
☐ genau 100 Jahre
☐ mehr als 100 Jahre

Für die richtige Lösung gibt es 2 Punkte.	**Gesamtpunktzahl: 2**

Aufgabe 15 Welche Nachteile haben die neuen Energien? Ergänze, was fehlt.

a) Bei drei dieser neuen Energien handelt es sich um ______________________

____

b) Beim Verbrennen dieser Rohstoffe werden ______________________ ausgestoßen.

Für jede richtige Satzergänzung gibt es 1 Punkt.	**Gesamtpunktzahl: 2**

Aufgabe 16 Was ist bei den neuen Windrädern anders als bei den alten Windrädern? Ergänze, was fehlt.

a) Die neuen Windräder sind ________________ als die alten Windräder.

b) Sie sind auch ________________ als die alten Windräder.

c) Aber vor allem sind sie ________________

Für jede richtige Ergänzung gibt es 1 Punkt.	**Gesamtpunktzahl: 3**

Aufgabe 17 Was bedeutet es, wenn es heißt, dass es heute „ganze Wälder" von Windkraftanlagen gibt? Erkläre das sprachliche Bild.

____

Für die richtige Erklärung gibt es 2 Punkte.	**Gesamtpunktzahl: 2**

Aufgabe 18 Aus wie vielen Einzelanlagen bestehen Windparks? Kreuze an.

- ☐ aus genau 100 Windkraftanlagen
- ☐ aus maximal 100 Windkraftanlagen
- ☐ aus mehr als 100 Windkraftanlagen

Für die richtige Lösung gibt es 2 Punkte.	**Gesamtpunktzahl: 2**

Aufgabe 19 Wie viele Menschen konnten in den 80er-Jahren mit Strom von einer Windkraftanlage versorgt werden? Kreuze an.

- ☐ ungefähr 40 Menschen
- ☐ ungefähr 100 Menschen
- ☐ ungefähr 1 000 Menschen

Für die richtige Lösung gibt es 1 Punkt.	**Gesamtpunktzahl: 1**

Aufgabe 20 Wie viele Menschen können heute mit Strom von einer Windkraftanlage versorgt werden? Kreuze wieder an.

- ☐ ungefähr 400 Menschen
- ☐ ungefähr 4 000 Menschen
- ☐ ungefähr 1 000 Menschen

Für die richtige Lösung gibt es 1 Punkt.	**Gesamtpunktzahl: 1**

Für die Aufgaben zum Textverstehen gibt es maximal 35 Punkte. Zähle deine Punkte zusammen und trage sie hier ein:	______ von 35 Punkten

Die Sprache untersuchen

Aufgabe 21 Unterstreiche in den folgenden Sätzen die Adverbiale.

a) Begonnen hatte alles im 10. Jahrhundert.

b) Die ersten Windkraftanlagen wurden bei den Persern und Afghanen gebaut.

c) Auf den Dächern der Häuser waren Windräder befestigt.

d) Im 17. Jahrhundert konstruierten die Holländer ihre ersten Windmühlen.

e) Die holländischen Windmühlen hatten von Anfang an bewegliche Dächer.

f) Es gab auch in Deutschland viele Windmühlen.

g) Nach Erfindung des Automobils waren plötzlich andere Energien gefragt.

h) Seit 1980 gibt es wieder Windkraftanlagen.

i) Surrende Windkraftanlagen wachsen aus grünen Wiesen empor.

j) Viele Haushalte erhalten ihren Strom aus Windkraftanlagen.

Für jede richtige Unterstreichung gibt es 1 Punkt.	**Gesamtpunktzahl: 10**

Aufgabe 22 Bestimme in den folgenden Sätzen die Satzglieder. Kennzeichne die Satzglieder mit diesen Abkürzungen: S = Subjekt, P = Prädikat, O = Objekt, A = Adverbial. (Bedenke, dass das Prädikat manchmal aus mehreren Teilen besteht! Unterstreiche sie alle!)

a) Perser und Afghanen bauten im 10. Jahrhundert erste Windkraftanlagen.

____

b) Sie fixierten auf den Dächern der Häuser ein paar Windflügel.

____

c) Die Holländer konstruierten Windmühlen mit beweglichen Dächern.

____

d) Aus diesem Grund konnten sie die Position der Windflügel verändern.

____

e) Im 20. Jahrhundert lösten neue Energien die Windenergie ab.

____

f) In der heutigen Zeit entstehen viele neue Windkraftanlagen.

____

Für jede richtige Bestimmung gibt es 1 Punkt.	**Gesamtpunktzahl: 24**

Aufgabe 23 Markiere die Grenze zwischen den Satzgliedern durch einen senkrechten Strich: /. Kennzeichne die einzelnen Satzglieder dann wie in Aufgabe 22.

a) Die neuen Energien schädigen die Umwelt.

____

b) Heute kann ein Windpark große Mengen an Strom erzeugen.

____

c) Der Strom aus Windenergie beliefert inzwischen viele Haushalte.

____

d) Dieser Strom bringt den Betreibern von Windkraftanlagen Geld.

___

e) Bei Wind schlägt ihr Herz höher.

___

Für jede richtige Bestimmung gibt es 1 Punkt.	**Gesamtpunktzahl: 20**

Aufgabe 24 Verbinde die folgenden Satzpaare durch eine Konjunktion. Du kannst dabei die Reihenfolge der Sätze ändern.

a) Der Wind kommt aus einer anderen Richtung. Die Windmühle steht still.

___

___

b) Das Dach der Windmühle ist beweglich. Es kann jede Änderung der Windrichtung mitmachen.

___

___

c) Neue Energien waren gefragt. Es wurde still um die Windmühlen.

___

___

d) Kohle, Erdöl und Erdgas haben auch Nachteile. Es ist erkannt worden.

___

___

e) Die Technik der Windkraftanlagen ist verbessert worden. Windkraftanlagen produzieren größere Mengen an Strom.

___

___

Für jede richtige Satzkonstruktion gibt es 2 Punkte.	**Gesamtpunktzahl: 10**

Aufgabe 25 Markiere in den folgenden Satzgefügen die Hauptsätze.

a) Nachdem man neue Technologien entwickelt hatte, wurden die Windmühlen nach und nach aus dem Verkehr gezogen.

b) Der Rohstoff Öl verschmutzt aber die Umwelt, weil er beim Verbrennen Schadstoffe ausstößt.

c) Man weiß auch genau, dass die Ölvorräte irgendwann aufgebraucht sind.

d) Da der Rohstoff Öl einmal zu Ende geht, brauchen wir neue Energien.

e) Weil das so ist, arbeiten die Forscher intensiv an der Entwicklung neuer Technologien.

f) Wenn sie erfolgreich sind, wird es irgendwann einen Brennstoff aus Pflanzenresten geben.

Für jede richtige Markierung gibt es 1 Punkt.	**Gesamtpunktzahl: 6**

Aufgabe 26 Zu welcher Wortart gehören die Wörter im Kasten? Ordne sie richtig ein. Achte auf die richtige Groß- und Kleinschreibung.

WIND, JAHRHUNDERT, IN, ERNEUERBAR, EIN, ROHSTOFF, SIE, ENTWICKELN, SCHLANK, DAS, FLÜGEL, ÄNDERUNG, PFEIFEN, FREUDE, BEWEGEN, NEU, VERBRENNEN, WENN, GRENZENLOS, RUHIG, ALS, AUF, PLÖTZLICH, FIXIEREN, IRGENDWANN, WIR, VOR, STILL, BEI, STROM

Nomen: ______________________________

____

Verben: ______________________________

____

Adjektive: ______________________________

____

Artikel: ______________________________

Pronomen: ______________________________

Präpositionen: ______________________________

Konjunktionen: ______________________________

Adverbien: ______________________________

Für jede richtige Lösung gibt es 0,5 Punkte.	**Gesamtpunktzahl: 15**

Aufgabe 27 Unterstreiche in den folgenden Sätzen die Verben und bestimme die Tempora.

a) Schon vor 1 000 Jahren hatten die Perser und Afghanen die ersten Windkraftanlagen gebaut.

____

b) Im 17. Jahrhundert konstruierten die Holländer Windmühlen mit drehbaren Rotorblättern.

____

c) Gegen Ende des 19. Jahrhunderts gab es auch in Deutschland viele Windmühlen.

____

d) Irgendwann nahm man nach und nach viele Windmühlen aus dem Betrieb.

____

e) Heute entstehen viele neue Windkraftanlagen auf grünen Wiesen.

____

f) Sie liefern Strom an viele Haushalte.

____

g) Der Rohstoff Öl geht irgendwann zu Ende.

____

h) Die Forscher arbeiten an der Entwicklung neuer Technologien.

____

i) Eines Tages wird es Kraftstoff aus Pflanzenresten geben.

____

Für jede richtige Unterstreichung gibt es 2 Punkte.	**Gesamtpunktzahl: 18**

Für die Aufgaben zur Sprache gibt es maximal 103 Punkte. Zähle deine Punkte zusammen und trage sie hier ein:	______ von 103 Punkten

Richtig schreiben

Aufgabe 28 Füge richtig ein.
Achtung: Manchmal musst du noch einen oder zwei Buchstaben ergänzen.

a) **wahr** oder **war?**

Perser und Afghanen __________ die Ersten, die Windmühlen bauten. __________ ist, dass die Holländer die Konstruktion der Windmühlen verbesserten.

b) **end-** oder **ent-?**

Als neue Technologien ____wickelt worden waren, wurden einige Windmühlen ____gültig aus dem Betrieb genommen.

c) **seid** oder **seit?**

Windkraftanlagen werden __________ gut 20 Jahren wieder gebaut. Ihr __________ vielleicht schon Abnehmer von Ökostrom.

d) **wieder** oder **wider?**

Der Strom aus Wind ist jetzt __________ gefragt. Dieser Aussage wird niemand ____sprechen.

e) **viel** oder **fiel?**

Als Betreiber von Windkraftanlagen kann man __________ Geld verdienen. Das __________ einigen Menschen rechtzeitig ein.

Für jede richtig gefüllte Lücke gibt es 0,5 Punkte.	Gesamtpunktzahl: 5

Aufgabe 29 Markiere alle Wörter, die großgeschrieben werden. Umrande die Endung, an der du das erkennst. Schreibe die Wörter in der richtigen Schreibweise neu auf.

änderung, heftig, freundlich, bemühen, leichtfertig, begegnung, ärgernis, hauptsächlich, richtung, leistungsstark, beweglich, notwendigkeit, windig, neuheit, verstärken, bewegung, wirtschaftlich, lieferung, berechnen, sparsamkeit, fixieren, ordentlich, versäumnis, konstruieren, gemeinsam, versorgung, überlegen, schlagartig, gedächtnis, beraten, fertigstellung, ereignis, leicht

Für jedes richtig erkannte Nomen gibt es 0,5 Punkte.	Gesamtpunktzahl: 7

Aufgabe 30 Schreibe den folgenden Text ab. Achte auf die richtige Groß- und Kleinschreibung.

WENN MAN WEIß, DASS DIE ÖLVORRÄTE EINMAL AUFGEBRAUCHT SIND, MUSS MAN NEUE TECHNOLOGIEN ENTWICKELN. SONST STEHEN IRGENDWANN DIE RÄDER STILL UND ALLE LICHTER GEHEN AUS. ALLERDINGS MÜSSEN DIE MENSCHEN SICH AUCH DARUM BEMÜHEN, MIT DER NOCH VORHANDENEN ENERGIE SPARSAMER UMZUGEHEN. UM EINEN BRIEF ZUR POST ZU BRINGEN, MUSS MAN NICHT DAS AUTO BENUTZEN. MAN KANN SCHLIEßLICH ZU FUß ZUM BRIEFKASTEN GEHEN. WICHTIG IST ES AUCH, IM HAUSHALT GERÄTE ZU BENUTZEN, DIE NICHT SO VIEL STROM VERBRAUCHEN.

Für jedes richtig großgeschriebene Wort gibt es 1 Punkt.	Gesamtpunktzahl: 20

Aufgabe 31 Setze im folgenden Text die fehlenden Kommas.

Es kann immer einmal vorkommen dass es in einem Bezirk der Stadt zu einem Stromausfall kommt. Manchmal wird eine Stromleitung verletzt wenn Baugruben ausgebaggert werden. Dann sind alle Haushalte die in diesem Bezirk liegen stundenlang ohne Strom. Wenn spät am Abend in einer Wohnung plötzlich das Licht ausgeht denken die Bewohner dann vielleicht dass eine Sicherung ausgefallen ist. Nach einer Weile werden sie aber sehen dass auch die Nachbarwohnungen ohne Strom sind. Dann wird klar dass die plötzliche Dunkelheit noch eine Weile anhalten wird. Die Betroffenen können sich dann nicht einmal im Fernsehen oder im Radio über die Ursache des Stromausfalls informieren weil diese Geräte ja auch Strom brauchen. Wenn man über ein batteriebetriebenes Radio verfügt kann man natürlich noch die Nachrichten hören. Auf jeden Fall muss man jetzt eine Kerze anzünden oder eine Taschenlampe einschalten wenn man nicht im Dunkeln sitzen will. Falls es nicht zu früh ist kann man auch einfach schlafen gehen.

Für jedes richtig gesetzte Komma gibt es 1 Punkt.	**Gesamtpunktzahl: 12**

Aufgabe 32 Markiere bei allen Wörtern die Stellen, über die man genauer nachdenken muss, um zu wissen, wie die Schreibweise ist. Schreibe das „Beweiswort" daneben.

Schadstoffe	__________	hauptsächlich	__________
Wind	__________	leistungsstärker	__________
stand	__________	ändern	__________
Wald	__________	lässt	__________
tausend	__________	Räder	__________

Für jede richtige Lösung gibt es 0,5 Punkte.	**Gesamtpunktzahl: 5**

Aufgabe 33 Im letzten Absatz des Textes „Wind als Geldmaschine" gibt es eine Stelle, an der ein Wort, das normalerweise ein Verb ist, wie ein Nomen verwendet wird. Schreibe sie heraus. Unterstreiche das betreffende Wort.

____

Für die richtige Lösung gibt es 1 Punkt.	**Gesamtpunktzahl: 1**

Für die Aufgaben zum richtigen Schreiben gibt es maximal 50 Punkte. Zähle deine Punkte zusammen und trage sie hier ein:	______ von 50 Punkten

Sich schriftlich äußern

ufgabe 34 Du hast in der Zeitung gelesen, dass es Proteste gegen den Bau eines Windparks in der Nähe deines Heimatortes gibt. Die Bürger, die dagegen protestieren, sind der Meinung, dass der geplante Windpark die Landschaft verschandeln würde.
Schreibe einen **Leserbrief** zu dem Zeitungsartikel. Schreibe ungefähr 150 Wörter.

Hinweise:

- Beachte die Merkmale eines Briefes (Ort, Datum, Anrede, Schlussgruß).
- Beginne damit, dass du dich auf den Zeitungsbericht beziehst. Der Titel des Zeitungsberichts lautet: „Proteste gegen Bau neuer Windkraftanlage".
- Schreibe dann, was du von diesen Protesten hältst.
- Begründe deine Meinung so ausführlich wie möglich.

Für deinen Leserbrief erhältst du maximal 32 Punkte. Verwende das im Lösungsteil beigefügte Bewertungsformular, um deine Punktzahl festzustellen.

_______ von 32 Punkten

Zähle nun alle Punkte zusammen, die du erreicht hast.

220–200 Punkte:
Sehr gut! Ganz gelassen kannst du gelegentlich einige Kapitel vertiefen.

199–150 Punkte:
Das Ergebnis kann sich sehen lassen. Erkenne selbst, welche Kapitel oder Aufgaben du wiederholen solltest, um zu einem sicheren Grundwissen zu kommen.

149–100 Punkte:
Es ist noch kein Meister vom Himmel gefallen. Mache dich auf die Suche, wo du deine noch vorhandenen Unsicherheiten in den Kapiteln beheben kannst. Das Inhaltsverzeichnis und die Fachbegriffe erleichtern dir die Suche.

99 Punkte und weniger:
Du solltest das Buch noch einmal durcharbeiten. Nimm dir Zeit und gehe Aufgabe für Aufgabe konzentriert durch. Besprich dich auch mit deinen Mitschülern oder hole Tipps von deiner Lehrerin oder deinem Lehrer ein. Teile dir deine Arbeit ein und versuche nicht, alles auf einmal machen zu wollen.

Viel Erfolg! Du wirst sehen, dass sich die Mühe lohnt!

Lösungen

Hier findest du die Lösungen zu allen Aufgaben. Damit du dich schneller orientieren kannst, wurden viele der Lösungen **blau hervorgehoben.**
Besonders die Lösungen zu Aufgaben aus dem Bereich „Sich schriftlich äußern" sind als **Vorschlag** zu verstehen. Aber auch bei anderen Aufgben sind teilweise **mehrere Lösungen möglich.** Lass dich deshalb **nicht beirren,** wenn deine Lösung von der hier angegebenen abweicht! Am besten fragst du dann bei deiner Deutschlehrerin oder deinem Deutschlehrer nach.
Prüfe auch deine Rechtschreibung genau! Wenn deine Lösung falsch war, solltest du die Übung später noch einmal wiederholen

Kapitel 1: Die Kinder zu Hameln

Aufgabe 1
a) Ort: **Hameln**
b) Datum und Uhrzeit: **26. Juni 1284, morgens früh um sieben Uhr (zweiter Besuch des Rattenfängers);**
1572: Der Bürgermeister lässt die Geschichte in den Kirchenfenstern abbilden (fast 300 Jahre später).

Aufgabe 2
a) Ein Kindermädchen bringt **das Gerücht in die Stadt.**
b) Einige sagen, zwei Kinder **sollen sich verspätet haben und zurückgekommen sein.**
c) Einige sagen, die Kinder wären **in eine Höhle geführt worden und in Siebenbürgen wieder herausgekommen.**

Aufgabe 3
Bei seinem ersten Besuch trägt der Rattenfänger **ganz bunte Kleidung.**
Bei seinem zweiten Besuch ist er wie ein Jäger gekleidet (also **grün**), und er trägt einen **roten Hut.**

Aufgabe 4
Er verspricht ihnen, dass er **die Stadt von den Ratten und Mäusen befreit,** wenn sie ihm dafür **Geld bezahlen.**

Aufgabe 5
- ☐ Sie wissen, dass er sein Versprechen halten wird.
- ☒ Sie hoffen, dass er sein Versprechen halten wird.
- ☐ Sie glauben nicht, dass er sein Versprechen halten wird.

Aufgabe 6
- ☐ in einigen Häusern einzelne Ratten und Mäuse.
- ☐ in vielen Häusern ein paar Ratten und Mäuse.
- ☒ in der ganzen Stadt viele Ratten und Mäuse.

Aufgabe 7 Die Ratten und Mäuse sind für die Bürger eine **Plage.**

Aufgabe 8 Er benutzt eine Pfeife.

Aufgabe 9 Er bringt sie zur Weser.

Aufgabe 10
a)
- ☒ Ja, er hält es.
- ☐ Nein, er hält es nicht.

b)
- ☐ Ja, sie halten sich daran.
- ☒ Nein, sie halten sich nicht daran.

Aufgabe 11
- ☐ Sie haben den Rattenfänger ausgenutzt.
- ☒ Sie haben den Rattenfänger betrogen.
- ☐ Sie haben sich über den Rattenfänger lustig gemacht.
- ☐ Sie haben den Rattenfänger vertrieben.

Aufgabe 12 Er empfindet **Zorn** und **Erbitterung.**

Aufgabe 13 Er bringt sie **zu einem Berg.**

Aufgabe 14 Das jüngste Kind ist **drei** Jahre alt.

Aufgabe 15
- ☐ Es ist jünger als 10 Jahre.
- ☐ Es ist zwischen 10 und 15 Jahre alt.
- ☒ Es ist älter als 15 Jahre.

Aufgabe 16
- ☐ ein Kind
- ☐ zwei Kinder
- ☐ drei Kinder
- ☒ vier Kinder

Aufgabe 17
a) Ein Kind ist **blind;** deshalb konnte es nicht **sehen,** wohin die Kinder gebracht wurden.

b) Ein Kind ist **stumm;** deshalb kann es nicht **sagen,** wohin die Kinder gebracht wurden.

ufgabe 18 a) Zuerst **suchen** sie die Kinder.
b) Die Mütter **schreien** und **weinen.**
c) Es werden **Boten** ausgeschickt.

ufgabe 19 Er **rächt** sich an den Bürgern.

ufgabe 20 a) Vor dem Berg, in dem die Kinder verschwunden sind, werden links und rechts **zwei steinerne Kreuze aufgerichtet.**
b) In der Straße, durch die die Kinder zum Tor hinausgegangen sind, müssen lange Zeit alle Menschen **still sein.**
c) Die Begebenheit wird **ins Stadtbuch eingetragen.**
d) Ein späterer Bürgermeister lässt die Geschichte **in den Kirchenfenstern abbilden.**

ufgabe 21 Man sollte ein gegebenes Versprechen **halten,** sonst kann es passieren, dass man **bestraft wird.**

ufgabe 22 a) **Im Jahr 1284** kam ein Rattenfänger **nach Hameln. Wann? Wohin?**
b) Er wollte die Ratten und Mäuse **aus der Stadt** vertreiben. **Woher?**
c) **Anschließend** wollte er eine Belohnung erhalten. **Wann?**
d) **Nach kurzen Überlegungen** versprachen ihm die Bürger eine feste Summe. **Wann?**
e) Der Rattenfänger lockte die Plagegeister **mit einer Pfeife / aus den Häusern. Wie? Woher?**
f) Der ganze Haufen folgte ihm bis **an die Weser. Wohin?**
g) Sie ertranken alle **im Fluss. Wo?**
h) Aber die Bürger wollten ihm **aus Geiz** den versprochenen Lohn nicht geben. **Warum?**
i) **Eines Tages** kam der Rattenfänger zurück. **Wann?**
j) **Beim zweiten Mal** lockte er mit seiner Pfeife alle Kinder **aus den Häusern. Wann? Woher?**

ufgabe 23 a) Die Eltern liefen **vor die Tore der Stadt.**
b) Sie suchten ihre Kinder **überall.**
c) Man schickte Boten **an alle Orte.**
d) Aber die Kinder wurden **nirgends** gefunden.
e) Ein kleiner Junge war **im Hemd** mitgelaufen.
f) Er lief **nach Hause,** um seine Jacke zu holen.
g) Als er zurückkam, waren die anderen Kinder **im Berg** verschwunden.

h) Die Bürger haben das Unglück **ins Stadtbuch** schreiben lassen.
i) Die Geschichte ist auch **in den Kirchenfenstern** abgebildet.
j) **Bei dem Berg** sind **links und rechts** zwei steinerne Kreuze aufgerichtet worden.

Aufgabe 24 **meistens,** fünfunddreißig, **oben,** Rattenfänger, **möglicherweise, unten,** Fluss, **vergeblich,** undankbar, **seltsamerweise, niemals,** Berg, **samstags,** alt, **dort,** Straße, Rathaus, **inzwischen,** Bürgermeister, **morgen, tagelang,** weich, rachsüchtig, Monat, **drüben, vorgestern,** Ende, **endlich, rückwärts,** verstehen, **vergebens**

Aufgabe 25

hier:	**Wo?**	selten:	**Wie oft?**
häufig:	**Wie oft?**	deshalb:	**Warum?**
demnächst:	**Wann?**	herein:	**Wohin?**
gern:	**Wie?**	draußen	**Wo?**
hinunter:	**Wohin?**	kopfüber:	**Wie?**
überall:	**Wo?**	nie:	**Wie oft?**
bergauf:	**Wohin?**	insgeheim:	**Wie?**
drüben:	**Wo?**	irgendwann:	**Wann?**
manchmal:	**Wie oft?**	fehlerlos:	**Wie?**

Aufgabe 26

Nomen	Verb	Adjektiv	Adverb	Artikel	Pronomen
Pfeife	weinen	traurig	dort	der	ihr
Kinder	suchen	jung	haufenweise	ein	ich
Fluss	umkehren	wunderlich	früh		
Ratten	führen	zornig	damals		
Geld	ertrinken	rot			
Berg	erzählen	erwachsen			

Aufgabe 27 Im Jahr 1284 / verschwanden / hundertdreißig Kinder / aus der Stadt Hameln.
A P S A

Der Rattenfänger / führte / die Kinder / zu einem Berg.
S P O A

Die Geschichte von den verschwundenen Kindern / steht / im Stadtbuch.
S P A

Aufgabe 28

a) Vor langer Zeit / kam / ein wunderlicher Mann / in die Stadt Hameln.
A P S A

b) Er / lockte / viele Ratten und Mäuse / in die Weser.
S P O A

c) Die Bürger / versagten / ihm / aus Geiz / den versprochenen Lohn.
S P O A O

d) In seinem Zorn / führte / er / anschließend / die Kinder / aus der Stadt.
A P S A O A

Aufgabe 29

Nomen	Adjektive mit -lich,-ig, -isch
Stunde	stündlich
Ärger	ärgerlich
Regen	regnerisch
Hass	hässlich
Sonne	sonnig
Herz	herzlich
Mut	mutig
Freund	freundlich
Hast	hastig
Durst	durstig

Nomen	Adjektive mit -lich, -ig, -isch
Luft	luftig
Kind	kindlich, kindisch
Last	lästig
Verbrecher	verbrecherisch
Tatsache	tatsächlich
Sport	sportlich
Mann	männlich
Angeber	angeberisch
Herr	herrlich
Gefahr	gefährlich

Aufgabe 30

a) Der Rattenfänger wollte die Stadt von den Ratten befreien, aber dafür verlangte er Geld.
b) Die Bürger waren zunächst einverstanden, doch sie waren sehr geizig.
c) Der Fremdling hatte alle Ratten in der Weser ertränkt, aber die Bürger wollten ihm seinen Lohn nicht zahlen.
d) Der Rattenfänger ging fort, doch kam er bald darauf noch einmal in die Stadt.
e) Er blies wieder in seine Flöte, aber dieses Mal lockte er die Kinder aus den Häusern und führte sie in einen Berg.
f) Die Bürger suchten die Kinder überall, aber sie fanden sie nicht.

g) Sie schickten Boten aus, doch die fanden auch keine Spur von den Kindern.
h) Ein blindes Kind hatte die Kinder gehört, aber es hatte den Ort nicht gesehen.
i) Ein stummes Kind hatte den Ort gesehen, aber es konnte nichts erzählen.
j) In einer Straße durfte man keine Musik machen, sondern musste still sein.

Aufgabe 31

Wer?	**ein dreijähriger Junge**
Wo?	**in Berlin**
Wann?	**am Freitagvormittag gegen zehn Uhr**
Was?	**Er fuhr mit dem Bus quer durch Berlin.**
Wie/Warum?	**Ihm wurde es auf dem Spielplatz langweilig; da ging er zur Bushaltestelle und stieg in einen Bus der Linie 123.**

Aufgabe 32

Hamelner Kinder spurlos verschwunden

Ein tragisches Unglück ereignete sich am 26. Juni 1284 in Hameln: 130 Kinder verschwanden spurlos. Das geschah, nachdem ein seltsam gekleideter fremder Mann aufgetaucht war. Er hatte gesagt, er würde die Stadt von ihrer Rattenplage befreien, wenn er dafür Geld bekäme. Als die Stadt ihm eine bestimmte Summe zugesichert hatte, lockte er mit einer Pfeife alle Ratten und Mäuse aus den Häusern heraus. Er führte sie zur Weser, wo sie ertranken. Doch die Bürger verweigerten ihm anschließend die versprochene Bezahlung. Wenig später kehrte er noch einmal in die Stadt zurück. Diesmal entführte er die Hamelner Kinder. Er soll sie in einen Berg gebracht haben. Keines der Kinder wurde gefunden, obwohl überallhin Boten ausgesandt wurden, um sie zu suchen. In allen Häusern der Stadt Hameln herrschte tiefe Trauer.

Kapitel 2: Papa, was ist Rassismus?

Aufgabe 1 Rassismus ist ein **weit verbreitetes Verhalten.**

Aufgabe 2
a) Statt mit Vertrauen begegnet er ihm mit **Misstrauen.**
b) Statt mit Achtung begegnet er ihm mit **Verachtung.**
c) Statt ihn gerecht zu behandeln, behandelt er ihn **ungerecht.**

Aufgabe 3
- [x] jemand, den man noch nicht kennt.
- [ ] jemand, der anders aussieht als man selbst.
- [ ] jemand, der eine andere Religion hat als man selbst.
- [ ] jemand, der eine andere Sprache spricht als man selbst.

Aufgabe 4 Man weiß am Anfang noch nichts über die **Absichten** eines Fremden; deshalb ist es ratsam, wenn man erst mal **vorsichtig** ist.

Aufgabe 5
a) Ein Rassist glaubt, dass er selbst **mehr** wert ist als ein Fremder.
b) Er meint deshalb, dass ein Fremder **schlechter** behandelt werden sollte als er selbst.

Aufgabe 6
- [ ] fremde Menschen
- [ ] schwarzhäutige Menschen
- [x] einige Eltern
- [x] einige Lehrer

Aufgabe 7
a) die Körpergröße
b) die Hautfarbe
c) die Gesichtszüge

Aufgabe 8
a) Jemand ist anders, wenn er eine andere Sprache spricht.
b) Jemand ist anders, wenn er andere Bräuche oder eine andere Religion hat.
c) Jemand ist anders, wenn er auf eine andere Art lebt und feiert.

Aufgabe 9
a) Einerseits kann es sein, dass er gern **in ausländischen Restaurants isst (z. B. in asiatischen Restaurants).**
b) Andererseits kann es sein, dass er sich weigert, **einem ausländischen Studenten ein Zimmer zu vermieten.**

Aufgabe 10 Er fühlt sich **schlechter** als andere.

Aufgabe 11
a) Einerseits empfindet er **Verachtung** für Fremde.
b) Andererseits hat er **Angst** vor Fremden.

Aufgabe 12 Das Bild ganz rechts drückt am besten aus, wie ein Rassist sich selbst und einen Fremden sieht.

Aufgabe 13
a) sich aufspielen, imponieren: → **an**geben
b) etwas verstehen, was man vorher nicht verstanden hat: → es **ein**sehen
c) Gewicht verlieren: → **ab**nehmen
d) aggressiv gegen jemanden vorgehen: → ihn **an**greifen
e) anderen sagen, was getan werden könnte: → etwas **vor**schlagen
f) jemandem zu Hilfe kommen: → ihm **bei**stehen
g) einen Menschen oder ein Tier quälen: → ihn (bzw. es) **miss**handeln
h) von etwas die Farbe entfernen: → es **ent**färben
i) nicht rechtzeitig aufwachen: → **ver**schlafen
j) beim Essen nichts übrig lassen: → alles **auf**essen

Aufgabe 14

ab **an** **auf** **aus** **ver** **zu** **vor**	} **sagen**	**an** **auf** **aus** **ein** **vor** **ver** **ent**	} **fahren**

Aufgabe 15

Deutschland braucht nicht weniger, sondern eher mehr **Wanderer.** Denn seit einiger Zeit **kommen** die Deutschen immer weniger Kinder. Das **wirkt,** dass die Zahl der älteren Menschen **steigt,** während die Zahl der jüngeren Menschen **nimmt.**	**Einwanderer** **bekommen** **bewirkt** **ansteigt** **abnimmt**
Wanderer können diesen Trend zwar nicht **halten.** Aber zumindest können sie ihn ein wenig **zögern.** Deutschland ist längst zu einem **Wanderungsland** geworden. Seit Kurzem gibt es deshalb auch ein **sprechendes** Gesetz.	**Einwanderer** **anhalten** **verzögern** **Einwanderungsland** **entsprechendes**

Aufgabe 16

a)	Achtung	→	**Missachtung**
b)	verstehen	→	**missverstehen**
c)	brauchen	→	**missbrauchen**
d)	Erfolg	→	**Misserfolg**
e)	Ernte	→	**Missernte**
f)	fallen	→	**missfallen**
g)	mutig	→	**missmutig**
h)	Geschick	→	**Missgeschick**
i)	gestimmt	→	**missgestimmt**
j)	Gunst	→	**Missgunst**
k)	Handlung	→	**Misshandlung**

Aufgabe 17

a) verstehen
b) verlieren
c) Fernseher
d) verletzen
e) Fertighaus
f) Verstand
g) ferngesteuert
h) verstecken
i) Verkehr
j) verstummen
k) Vergnügen
l) Fertigkeit
m) vorbereiten
n) Vorfreude
o) Fortgang
p) Vorbild
q) Vorfahren
r) Vorbereitung
s) vorher
t) Vormittag
u) Vorspeise
v) vorwärts
w) fort
x) Fortsetzung

Aufgabe 18

vereisen: Die Scheiben sind vereist.
verreisen: Wir wollen im Sommer verreisen.

Aufgabe 19

Vorgespräch	**vor + Gespräch**	→	**das Vorgespräch**
Vorsicht	**vor + Sicht**	→	**die Vorsicht**
Vorredner	**vor + Redner**	→	**der Vorredner**
Vorliebe	**vor + Liebe**	→	**die Vorliebe**
Vorrunde	**vor + Runde**	→	**die Vorrunde**
Vorschule	**vor + Schule**	→	**die Vorschule**
Vorstellung	**vor + Stellung**	→	**die Vorstellung**
Vorraum	**vor + Raum**	→	**der Vorraum**
Vorsitz	**vor + Sitz**	→	**der Vorsitz**
Vorrichtung	**vor + Richtung**	→	**die Vorrichtung**
Vorteil	**vor + Teil**	→	**der Vorteil**

Aufgabe 20

vor-	aus	→	**voraus**
	bei	→	**vorbei**
	erst	→	**vorerst**
	her	→	**vorher**
	an	→	**voran**
	über	→	**vorüber**
	hin	→	**vorhin**
	ab	→	**vorab**

Aufgabe 21 **Taschengeld:** Taschengeld ist eine bestimmte Summe Geld, die Eltern ihren Kindern zahlen. Die Kinder erhalten das Geld zu ihrer freien Verfügung. Sie können sich davon Dinge kaufen, die sie für sich persönlich haben möchten, z. B. ein Eis oder eine Zeitschrift. Durch das Taschengeld sollen Kinder lernen, mit Geld umzugehen.

Klassenreise: Eine Klassenreise ist eine Reise, die eine Schulklasse zusammen mit ihrem Lehrer oder ihrer Lehrerin unternimmt. Diese Reise findet während der Schulzeit statt. Die Klasse verbringt in diesen Tagen ihre gesamte Zeit zusammen. Auf einer Klassenreise werden auch Ausflüge unternommen, zum Beispiel besichtigen die Jungen und Mädchen eine Burg oder sie besuchen ein Museum. In dieser Zeit lernen sich die Schülerinnen und Schüler einer Klasse besser kennen. Das verbessert die Klassengemeinschaft.

Zeugnis: Ein Zeugnis ist ein Dokument, das jeder Schüler und jede Schülerin am Ende des Schulhalbjahres erhält. Auf diesem Dokument ist genau eingetragen, wie die Leistungen des Schülers in den vergangenen sechs Monaten ausgefallen sind. Die Eltern müssen das Zeugnis unterschreiben; damit zeigen sie, dass sie es gesehen haben. Schüler mit guten Leistungen freuen sich meist über ihr Zeugnis. Schüler, deren Leistungen nicht so gut waren, freuen sich dagegen nicht, weil sie denken, dass sie zu Hause Ärger bekommen könnten.

Kapitel 3: Ich kann mehr als nur dreinschlagen

Aufgabe 1 Wenn jemand geschlagen wird, dann ist es normal, dass er **zurückschlägt/ sich wehrt.**

Aufgabe 2 Er wehrt sich nicht./Er schlägt nicht zurück.

Aufgabe 3
a) Er ist kein **Schwächling.**
b) Er ist nicht **feige.**
c) Er ist kein **Angeber.**
d) Er ist nicht bei einer **Sekte.**

Aufgabe 4 Er hat einen Brustkasten wie **Tarzan.**

Aufgabe 5
a) Er ist faul und schreibt von anderen die Hausaufgaben ab.
b) Er ist vergesslich.

Aufgabe 6
- ☐ Berthold hat von ihm abgeschrieben. Das findet er unmöglich.
- ☒ Berthold hat sein Heft zu Hause liegen lassen. Das macht ihn wütend.
- ☐ Berthold verhält sich gleichgültig. Das ärgert ihn.
- ☐ Berthold hat dem Mathelehrer nichts gesagt. Deshalb hat Emmo Ärger bekommen.

Aufgabe 7 Du musst diese Sätze unterstrichen haben:
Aber Berthold schlug nicht zurück. Er stand ganz ruhig da und sah Emmo ins Gesicht. Da wurde Emmo rot und entschuldigte sich.

Aufgabe 8
- ☐ Ich war entsetzt, weil ich nicht wusste, was ich dem Lehrer sagen sollte.
- ☒ Ich war drauf und dran zuzuschlagen und musste mich sehr beherrschen.
- ☐ Ich hatte Angst davor, dass ich Ärger bekommen würde.
- ☐ Ich fand es falsch, dass ich Berthold mein Heft geliehen hatte.

Aufgabe 9
a) „Ich bin kein Neandertaler." Diese Äußerung passt zu: **Berthold.**
b) „Ich will kein Neandertaler sein." Diese Äußerung passt zu: **dem Ich-Erzähler.**

Aufgabe 10
a) Die Überschrift bezieht sich auf **den Ich-Erzähler.**
b) Begründung: Er sagt in Zeile 56: „Ich kann mehr als nur draufhauen." Das passt zur Überschrift.

Aufgabe 11

☒ ist das richtig. ☐ ist das falsch.
☒ ist das schwierig. ☐ ist das einfach.

Aufgabe 12

a) Er glaubt, dass er viel **Mut** braucht.
b) Er glaubt, dass er keine **Angst** haben darf.

Aufgabe 13

Der Ich-Erzähler ist **klein** und wirkt **schwach.**

Aufgabe 14

☐ Sie werden ihn auslachen.
☐ Sie werden ihn ärgern.
☒ Sie werden staunen.
☐ Sie werden ihn bewundern.

Aufgabe 15

☐ irgendein Mitschüler ☐ ein komischer Junge
☐ ein guter Sportler ☐ ein Hundebesitzer
☒ eine Art Vorbild ☐ ein Freund

Aufgabe 16

a) **Berthold hat Emmos Heft zu Hause vergessen.** Darum ist Emmo sauer.
b) Es tut Berthold leid, dass er Emmo sein Heft nicht zurückgeben kann. **Er hat das Heft aber nicht mit Absicht zu Hause gelassen.**
c) Emmo schlägt Berthold. **Dabei hat Berthold alle Schuld auf sich genommen.**
d) **Berthold hat sich nicht gewehrt.** Darum fühlt Emmo sich schuldig.
e) **Emmo hat sich bei Berthold entschuldigt.** Darüber wundert er sich.

Aufgabe 17

a) **Berthold hatte den Fußball ins Fenster des Schulsekretariats geschossen.** Er war nicht feige. Er gestand seine Missetat sofort.
b) **Berthold hatte bei den Bundesjugendspielen die meisten Punkte erhalten.** Er redete nicht darüber. Seine Mitschüler erzählten das in der Schule herum.
c) **Berthold hatte das Matheheft des Ich-Erzählers zu Hause vergessen.** Er entschuldigte sich dafür mit einem Korb Mirabellen. Er hatte einen großen Garten.

Aufgabe 18

a) Meine Eltern waren zwei Wochen in Italien gewesen. **Plusquamperfekt**
b) Gestern sind sie zurückgekommen. **Perfekt**
c) Wir hatten uns in der Zeit um die Wohnung gekümmert. **Plusquamperfekt**
d) Das hat uns Spaß gemacht **Perfekt**
e) Zum Dank haben unsere Eltern uns Geschenke mitgebracht. **Perfekt**

Aufgabe 19
a) Ich habe heute keine Zeit. **Präsens**
b) Meine Tante ist zu Besuch gekommen. **Perfekt**
c) Ich habe mich über ihren Besuch gefreut. **Perfekt**
d) Einmal im Jahr ist sie bei uns. **Präsens**
e) Dann erzählen wir uns alle Neuigkeiten. **Präsens**
f) Diesmal ist eine ganze Menge passiert. **Perfekt**

Aufgabe 20
a) Eigentlich hatten wir einen Ausflug geplant. **Plusquamperfekt**
b) Aber das Wetter war einfach zu schlecht. **Präteritum**
c) Schon vorgestern hatte es geregnet. **Plusquamperfekt**
d) Und heute Morgen war der Himmel immer noch grau. **Präteritum**
e) Deshalb wurde nichts daraus. **Präteritum**

Aufgabe 21
a) Wir (einkaufen) → **Wir haben eingekauft.**
b) Ein Paket (ankommen) → **Ein Paket ist angekommen.**
c) Der Regen (aufhören) → **Der Regen hat aufgehört.**
d) Der Mond (aufgehen) → **Der Mond ist aufgegangen.**
e) Deine Freundin (anrufen) → **Deine Freundin hat angerufen.**
f) Ein Unfall (passiert) → **Ein Unfall ist passiert.**

Aufgabe 22
a) Du (fragen) → **Du hattest gefragt.**
b) Wir (antworten) → **Wir hatten geantwortet.**
c) Die alte Dame (stürzen) → **Die alte Dame war gestürzt.**
d) Der Besucher (bleiben) → **Der Besucher war geblieben.**
e) Das Essen (anbrennen) → **Das Essen war angebrannt.**
f) Der Junge (lachen) → **Der Junge hatte gelacht.**

Aufgabe 23
Satz 1: Also muss ich mich mit ihm irgendwie vertragen, muss mit ihm im **Guten** auskommen, muss mit ihm Kompromisse schließen.
Satz 2: Aber ich kam dadurch doch ins **Schwitzen.**

Aufgabe 24

Das war ärgerlich!

Gestern passierte Martin **etwas Dummes:** Er ließ doch tatsächlich seine Schultasche im Bus liegen, weil er durch ein interessantes Gespräch mit seinem Freund Stefan abgelenkt war. Erst als er die Schularbeiten machen wollte, bemerkte er seinen Fehler. **Das Ärgerliche** war nun, dass er viel Zeit damit verbringen musste, um wieder an seine Tasche zu kommen. Dabei hätte er lieber **etwas Vernünftiges** mit dem Nachmittag angefangen. Verdrossen machte er sich auf den Weg zum Fundbüro, um **alles Nötige** in die Wege zu leiten. Zum Glück hatte ein ehrlicher Finder die Tasche schon abgegeben. Martin musste nur kurz erzählen, wann und wo er das gute Stück hatte liegen lassen, und er musste beschreiben, wie seine Tasche aussah. Daraufhin händigte ihm der Mann hinter dem Schalter sein Eigentum wieder aus. Martin prüfte kurz nach, ob auch alle seine Sachen noch in der Tasche waren. Ja – ein Glück, **nichts Wichtiges** fehlte! Nicht einmal der neue Gameboy war geklaut worden. Erleichtert fuhr Martin wieder nach Hause. Nun musste er noch seine Schularbeiten machen, dann war **alles Unangenehme** für diesen Tag erledigt. Es sei denn, seine Mutter käme noch auf die Idee, ihm den abendlichen Abwasch aufzubrummen …

Aufgabe 25

Kleine Raucher

Viele Jugendliche fangen sehr früh mit dem **Rauchen** an. Oft sieht man schon zehnjährige Jungen oder Mädchen an Bushaltestellen herumstehen und **qualmen.** Sie glauben wahrscheinlich, dass sie durch das **Rauchen** erwachsener wirken. Viele geben damit auch einfach nur an. Die meisten **meinen** allerdings, dass sie mit dem **Rauchen** jederzeit wieder aufhören können. Aber so einfach ist das mit dem **Aufhören** doch nicht. Nach jahrelangem **Rauchen** ist es eben schwierig, plötzlich wieder auf den Glimmstängel zu **verzichten.**
Zwar **wissen** die Jugendlichen eigentlich alle, dass das **Rauchen** ein gefährliches Vergnügen ist. Schon in der Schule **lernen** sie, dass durch das **Rauchen** gefährliche Krankheiten entstehen können. Aber viele von ihnen **denken** eben, dass erst eine lange Zeit vergehen muss, ehe sich das **Rauchen** auf ihre Gesundheit auswirkt. Und sie glauben ja auch, dass sie rechtzeitig vorher wieder mit dem **Qualmen** aufhören.
Leider **schaffen** sie es oft doch nicht. Und dann **sagen** sie später wahrscheinlich zu ihren Kindern: „Fangt gar nicht erst mit dem **Rauchen** an! Sonst könnt ihr es euch später nicht mehr **abgewöhnen!**“

Aufgabe 26 Deine Lösung könnte so aussehen. (Natürlich sind deine Angaben anders, weil du über eine andere Person geschrieben hast!)

Name:	**Regina Wohlgemut**
Geschlecht:	**weiblich**
Alter:	**32 Jahre**
Rolle:	**meine Tante, Verkäuferin in einem Baumarkt**
Aussehen:	**klein, schlank, blonde und lockige Haare, besondere Kennzeichen: trägt immer sportliche Kleidung (meistens Jeans)**
Fähigkeiten:	**sehr geschickt, kann gut mit Werkzeug umgehen, sogar mit der Bohrmaschine**
Vorlieben:	**spielt Fußball, geht aber auch gern zum Tanzen**
Abneigungen:	**mag keine Frauen, die sich stark schminken, findet Frauenzeitschriften albern**
Verhaltensweisen:	**hat viel Geduld, ist sparsam mit ihrem Geld, macht oft Witze**
Eigenschaften:	**kameradschaftlich, verständnisvoll, auch fröhlich. Wenn jemand Hilfe braucht, ist sie sofort zur Stelle. Man kann sich auch gut mit ihr unterhalten.**

Kapitel 4: Wie findet man seinen eigenen Stil?

Aufgabe 1
a) Probiere lieber alles aus.
b) Vertraue keinen angeblichen goldenen Regeln.

Aufgabe 2 Du hast das an, was …
a) dir gefällt.
b) bei anderen in der Klasse gerade Mode ist.
c) deine Familie nett und anständig findet.
d) du im Fernsehen, in Modezeitschriften oder in der Disco gesehen hast.

Aufgabe 3 Wem gebe ich nach? Wem passe ich mich an?

Aufgabe 4
a) Man fällt auf.
b) Man ist nicht originell.
c) Man passt sich an.

Aufgabe 5 Man passt sich an das Unangepasste an, wenn man
- [ ] sich kleidet wie die Mehrheit.
- [x] sich kleidet wie eine Minderheit.
- [ ] sich kleidet, wie es einem gefällt.

Aufgabe 6
a) Man kleidet sich dem Anlass entsprechend.
→ Das ist ein **Grundprinzip.**
b) Eine gefällige Kleidung nimmt andere für uns ein.
→ Das ist ein **Geheimnis.**

Aufgabe 7
- [ ] Wenn wir anziehen, was anderen gefällt, tun sie alles, was wir wollen.
- [x] Wenn wir anziehen, was anderen gefällt, mögen sie uns.
- [ ] Andere Leute mögen uns nur dann, wenn wir anziehen, was ihnen gefällt.

Aufgabe 8
a) Schulfest
b) Theater
c) Großvaters Jubiläum
d) Faschingsfeten
e) Empfang beim Bundespräsidenten

Aufgabe 9

- [x] Man denkt, wenn man sich auf eine bestimmte Art kleidet, kann man etwas dadurch erreichen.
- [ ] Man muss genau berechnen, wie viel Geld man für seine Kleidung ausgeben will.
- [ ] Man muss erreichen, dass andere einem Geld geben, damit man sich hübsch anziehen kann.

Aufgabe 10

- [ ] Man sollte sich nach den Ratschlägen der Modezeitschriften richten.
- [x] Man sollte ausprobieren, ob einem das, was gerade Mode ist, auch steht.
- [ ] Wenn Schwarz in Mode ist, sollte man viel Schwarz tragen.
- [ ] Man sollte möglichst oft gestreifte Sachen anziehen, weil Streifenmuster schlank machen.

Aufgabe 11

Man fragt sich, ob man ohne Zögern **vor Fremden** eine Rede halten könnte.

Aufgabe 12

Aussage	genauso	teilweise	gar nicht
Man zieht an, was die Freunde anziehen.		✗	
Man zieht an, was gerade Mode ist.		✗	
Man zieht das an, was einem gut steht.	✗		
Man zieht das an, worin man sich wohlfühlt.	✗		

Aufgabe 13

Satz 1		Satz 2
Metina ist ziemlich vergesslich.	**aber**	Den Geburtstag ihrer Oma hat sie noch nie vergessen.
Bald ist es wieder so weit.	**und**	Metina hat auch schon ein schönes Geschenk.
Ein Problem hat sie aber noch.	**denn**	Sie weiß nicht, was sie zur Geburtstagsfeier anziehen soll.
Sie hat zwar ein superschickes neues Top.	**und**	Ihr schwarzer Minirock würde auch perfekt dazu passen.
Das würde sie gern kombinieren.	**aber**	Sie ist sich noch nicht ganz sicher.
Das Top ist nämlich auf einer Seite schulterfrei.	**und**	Es ist auch bauchfrei.

Metina kennt ihre Großmutter.	**und**	Sie weiß, dass Oma die bauchfreie Mode nicht mag.
Metina hat sich auch noch kein Piercing machen lassen.	**denn**	Sie wollte ihre Oma nicht verärgern.
Oma ist eigentlich ganz modern.	**und**	Mit ihrer Digitalkamera ist sie auch technisch auf dem neuesten Stand.
Manchmal hört sie sogar die gleiche Musik wie Metina.	**aber**	Einige Moden lehnt sie ab – die bauchfreie Mode zum Beispiel.
Vielleicht sollte Metina doch nicht das bauchfreie Top anziehen.	**denn**	Sie will ihre Oma ja nicht ärgern.
Zur Probe holt sie ihr braves Kleid aus dem Schrank.	**denn**	Das mochte Oma immer so gern leiden.
Sie zieht das Kleid an.	**und**	Sie betrachtet sich damit im Spiegel.
Sie muss laut lachen.	**denn**	Das Kleid passt ihr nicht mehr.

Aufgabe 14 **Mofa statt Markenklamotten**

Max trägt keine Markenkleidung. **Denn** er will sein Geld nicht für teure Kleidung ausgeben. Er spart möglichst viel Geld. **Denn** er möchte sich mit 16 ein Mofa kaufen. Er findet ein Mofa praktisch. **Denn** er hat einen weiten Schulweg. **Aber** seine Eltern sind dagegen, dass er sich ein Mofa kauft. **Denn** sie finden Mofafahren gefährlich. Sie wollen, dass er weiter mit dem Bus zur Schule fährt. **Denn** sie haben Angst, dass Max mit dem Mofa einen Unfall hat. Max möchte unbedingt ein Mofa haben. **Aber** seine Eltern sollen sich keine Sorgen machen. Er will ihnen versprechen, immer ganz vorsichtig zu fahren. **Und/denn** er glaubt, dass sie dann beruhigt sind.

Aufgabe 15

a) Claudius **hatte** gestern **Geburtstag.**
b) Irina **hat** oft **Ärger** mit ihren Eltern.
c) Warum **hast** du eigentlich noch kein **Handy?**
d) Unser Klassensprecher **hat** oft gute **Ideen.**
e) Mein kleiner Bruder **hat** immer noch **Angst** vor großen Hunden.
f) Viele Bürger **haben** wenig **Vertrauen** in die Politik.
g) Stefan **hat** ein **Autogramm** von Michael Schumacher.
h) Viele Rentner behaupten, sie **hätten** überhaupt keine **Zeit.**
i) Unsere Lehrerin **hat** viele **Bücher.**

Aufgabe 16

Ich habe …	Ich habe kein/keine/keinen …
eine Schildkröte.	keine Zeit.
manchmal Spaß mit meinen Freunden.	kein Geld.
eine Playstation.	keine Lust zu den Schularbeiten.
einen Bruder.	keinen Fernseher.
ein Hobby.	keine Monatskarte.

Aufgabe 17

a) Das war Betrug. Dieser Ring ist nichts **wert.**
b) Dass du die Verabredung nicht einhalten kannst, ist mir **recht.** Ich habe sowieso keine Zeit.
c) Mein Wecker ist **schuld** daran, dass ich zu spät komme; er hat nicht geklingelt.
d) Viele Aktien sind heutzutage fast nichts mehr **wert.**
e) Die Bilder von Picasso haben einen hohen **Wert.**
f) Meine Eltern behaupten, ich würde nicht genügend für die Schule arbeiten. Das ist nicht **recht** von ihnen.
g) Der Fahrer hat auf der Autobahn gedrängelt. Er ist **schuld** an dem Unfall.
h) Du sagst, dass du Markenkleidung hässlich findest. Ist das dein **Ernst?**
i) Dass du das Päckchen noch nicht bekommen hast, ist nicht meine **Schuld.** Ich habe es rechtzeitig zur Post gebracht.

Aufgabe 18

a) Der Rasen sieht überhaupt nicht mehr **grün** aus. Er ist ganz **gelb** geworden. Das liegt an der Trockenheit.
b) Warum gehst du nicht los? Bei **Grün** kann man doch gehen!
c) Bist du sicher, dass dieses **Blau** dir gut steht?
d) Eva sieht aus wie Draculas Enkelkind. Die Kleider, die sie trägt, sind immer **schwarz.**
e) Die Wände sind nicht mehr richtig **weiß.** Wir müssen sie wohl mal wieder streichen.
f) Neuerdings ist **Gelb** wieder in Mode.
g) Die Lehrer korrigieren unsere Fehler mit **Rot.**
h) Dein Pullover hat eine hübsche Farbe. Ein solches **Grün** sieht man selten.
i) In welcher Farbe wollen wir das neue Auto bestellen? – Ich finde **Dunkelblau** am besten.

Aufgabe 19 Lieber Sebastian,
du leidest darunter, dass der neue Mitschüler dich immer ärgert, weil du keine Markenkleidung trägst. Wahrscheinlich legst du keinen Wert darauf, immer nach der neuesten Mode angezogen zu sein. Aber dann solltest du auch selbstbewusst genug sein, dazu zu stehen! Am besten reagierst du gar nicht, wenn Marek einen seiner „Sprüche" loslässt. Wenn du dich aufregst, freut er sich ja nur – und dann ärgert er dich weiter. Spiel also den Gleichgültigen!
Auf gar keinen Fall darfst du dich über Mareks Verhalten so sehr ärgern, dass deine Schulleistungen schlechter werden. Damit würdest du dir ja deinen Schulabschluss verderben. Und der ist dir doch bestimmt wichtiger als ein gemeiner Mitschüler!
Es gibt in deiner Klasse anscheinend noch andere Schüler, die keine Markenkleidung tragen. Warum verbündest du dich nicht mit ihnen? Gemeinsam seid ihr stärker!
Vielleicht sprichst du auch einmal mit deinem Lehrer über dein Problem. Wahrscheinlich weiß er gar nicht, dass der neue Mitschüler durch sein Verhalten solch eine schlechte Stimmung in eurer Klasse verbreitet. Und wie soll er etwas dagegen unternehmen, wenn er nicht Bescheid weiß?
Mit deinen Eltern solltest du natürlich auch sprechen. Jedenfalls solltest du dein Problem nicht in dich „hineinfressen". Es tut immer gut, mit anderen zu reden, wenn man in Schwierigkeiten ist. Überlege, zu wem du am meisten Vertrauen hast. Denjenigen solltest du zuerst ansprechen!
Kopf hoch!

Herzliche Grüße
Dr. Rat

Kapitel 5: Gustav hat abgeschrieben

Aufgabe 1 Gustav hatte von Leo abgeschrieben.

Aufgabe 2 a) ☒ 20
☐ 200
☐ 2 000

b) 3498 : 179 = 19,541899

Aufgabe 3 Er hat das falsche Ergebnis von Leo abgeschrieben.

Aufgabe 4 Gustav und Leo hatten dasselbe falsche Ergebnis. Sie sitzen im Klassenraum nebeneinander. Es liegt also nahe, dass einer vom anderen abgeschrieben hat.

Aufgabe 5 Die Textstelle lautet: „… die Sache wäre glimpflich abgelaufen, …“ (Zeile 6/7)
☐ Er ist sehr streng.
☐ Er ist ziemlich streng.
☒ Er kann nicht so streng sein.

Aufgabe 6 Er bezeichnet Gustav als **unanständig** und als **ungezogen.**

Aufgabe 7
a) **Gustav** gibt nicht zu, dass er von **Leo** abgeschrieben hat.
b) **Gustav** bestreitet, dass er abgeschrieben hat.
c) **Gustav** beschuldigt **Leo,** von ihm abgeschrieben zu haben.
d) **Leo** beschuldigt **Gustav** nicht, von ihm abgeschrieben zu haben.
e) **Leo** weiß, dass **Gustav** gelogen hat.

Aufgabe 8 So fühlt sich **Leo:**
☐ Er fühlt sich eher gut.
☒ Er fühlt sich eher schlecht.
☐ Man weiß es nicht.

So fühlt sich **Gustav:**
☐ Er fühlt sich eher gut.
☐ Er fühlt sich eher schlecht.
☒ Man weiß es nicht.

Aufgabe 9
a) Wenn er dem Lehrer sagt, dass Gustav abgeschrieben hat, ist er für die Mitschüler ein **feiger Kerl** und ein **Verräter.**
b) Wenn er weiter schweigt, glaubt er, ein **Lügner** zu sein.

Aufgabe 10

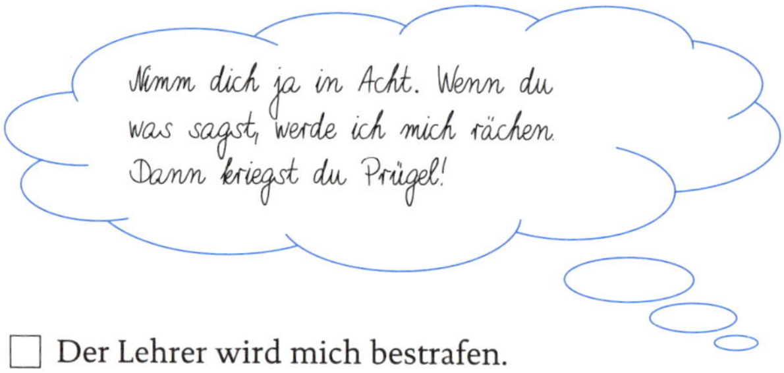

Aufgabe 11

- [ ] Der Lehrer wird mich bestrafen.
- [ ] Die Mutter wird mich bestrafen.
- [x] Die Mutter wird sich aufregen.

Aufgabe 12

- [ ] Sie hat vielleicht eine Grippe.
- [x] Sie ist wahrscheinlich ernsthaft krank.

Begründung: Er kocht oft für sie und trägt ihr das Essen ans Bett.

Aufgabe 13 Ihr fällt auf, dass **Leo keinen Appetit hat.**

Aufgabe 14

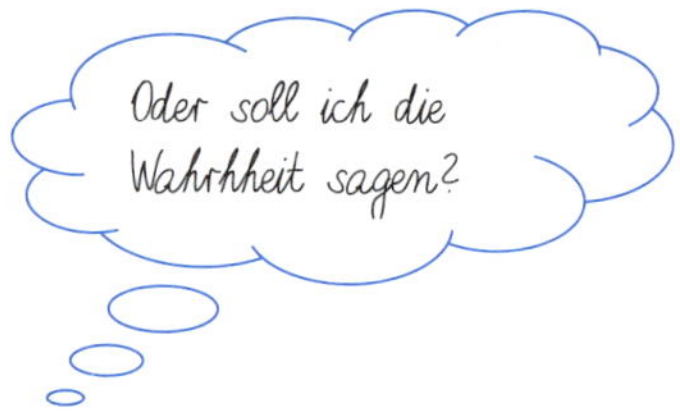

Aufgabe 15 Das ist als **Drohung** zu verstehen.

Aufgabe 16 Sie sind auf Gustavs Seite. Oder sie wollen sich aus der Sache heraushalten.

Aufgabe 17

a) Leo könnte eine **3** haben.
b) Gustav könnte eine **5** haben.
c) Arthur könnte eine **6** haben.

Aufgabe 18

a) Leo kann nicht besonders **schlecht** in Mathematik sein, weil **Gustav von ihm abgeschrieben hat.**
b) Gustav ist mit Sicherheit **schlechter** als Leo, weil **der Lehrer gleich weiß, wer von beiden abgeschrieben hat.**
c) Arthur ist mit Sicherheit **schlechter** als Gustav, weil **er es selbst sagt („Ich bin doch im Rechnen noch schlechter als Gustav!“).**
d) Der Schlechteste ist also **Arthur.**

Aufgabe 19

Passt zu Leo	Eigenschaft	Passt zu Gustav
✗	kameradschaftlich	
	gemein	✗
✗	ehrlich	
	unehrlich	✗
	undankbar	✗
✗	mutig	
	feige	✗
✗	ängstlich	
✗	hilfsbereit	
	egoistisch	✗
	unfair	✗
✗	freundlich	
	unfreundlich	✗
✗	einfühlsam	
	gefühllos	✗

Aufgabe 20 Individuelle Lösung. Wahrscheinlich gefällt dir Leo besser als Gustav.

Aufgabe 21 a)
- ☐ Er mag Gustav lieber als Leo.
- ☒ Er mag Leo lieber als Gustav.
- ☐ Er mag beide gleich gern.
- ☐ Er mag keinen von beiden.

b) Der Lehrer will Leo nicht schaden. Darum versucht er es mit einem Trick, die Wahrheit herauszufinden (indem er Arthur anspricht).

Aufgabe 22

Subjekt: Wer (oder was?)	Prädikat: Was tut …?
Gustav	hatte abgeschrieben
Der Lehrer	fragte
Gustav	log
Leo	schwieg
Gustav	drohte
Leo	grübelte
Einige Mitschüler	lachten
Gustav	sprang auf
Gustav	gestand

Aufgabe 23

a) Der Lehrer bemerkte **den Schwindel beim Heftekorrigieren.**
b) Er befragte **die beiden Jungen auf jede Weise.**
c) Doch die beiden schwiegen **beharrlich.**
d) Dieses Verhalten ärgerte **den Lehrer maßlos.**
e) Leo hatte **eine kranke Mutter zu Hause.**
f) Er liebte **sie sehr.**
g) Er bekochte **seine Mutter nach der Schule.**
h) Er trug **das Essen an ihr Bett.**
i) Leo machte sich **am Nachmittag große Sorgen.**
j) Der Lehrer befragte **Arthur am nächsten Tag.**
k) Er stellte **ziemlich schlaue Fragen.**
l) Gustav gestand **seine Missetat am Ende.**

Aufgabe 24

a) **Beim Heftekorrigieren** bemerkte der Lehrer den Schwindel.
b) **Auf jede Weise** befragte er die beiden Jungen.
c) Doch die beiden schwiegen beharrlich.
d) Dieses Verhalten ärgerte den Lehrer maßlos.
e) Leo hatte eine kranke Mutter zu Hause.
f) Er liebte sie sehr.
g) **Nach der Schule** bekochte er seine Mutter.
h) Er trug das Essen an ihr Bett.

i) **Am Nachmittag** machte sich Leo große Sorgen.
j) Der Lehrer befragte Arthur am nächsten Tag.
k) Er stellte ziemlich schlaue Fragen.
l) **Am Ende** gestand Gustav seine Missetat.

Aufgabe 25

a) Bei Klassenarbeiten schreiben immer einige Schüler ab. / Sie wollen unbedingt eine gute Note bekommen.
b) Eigentlich sollte man ja im Unterricht aufpassen. / Auch sollte man regelmäßig seine Hausaufgaben erledigen.
c) Aber manche Schüler passen nicht auf. / Ihre Hausaufgaben machen sie auch nicht immer.
d) Am Ende nützt auch fleißiges Üben nicht mehr. / Diese Schüler haben bei den Klassenarbeiten natürlich ein Problem.
e) Erst schauen sie ratlos die Aufgaben an. / In ihrer Not schreiben sie dann einfach die Lösungen vom Nachbarn ab.
f) Aufmerksame Lehrer merken das aber. / Sie nehmen den Übeltätern vorzeitig das Heft weg.

Aufgabe 26

a) **Kaffee** kochen
b) **Glück** bringen
c) **Aufsehen** erregen
d) **Auto** fahren
e) **Ruhe** finden
f) **Pech** haben
g) **Rat** geben
h) **Geld** holen
i) **Angst** kriegen
j) **Not** leiden
k) **Mut** machen
l) **Alarm** schlagen
m) **Ball** spielen
n) **Schlange** stehen
o) **Kuchen** backen
p) **Erholung** suchen
q) **Hilfe** leisten
r) **Eis** essen

Aufgabe 27

a) Die Musik ist sehr laut. Du solltest das Radio **leise** stellen.
b) Deine Schrift ist kaum zu entziffern. Kannst du nicht **ordentlich** schreiben?
c) Wir haben eine schwierige Hausaufgabe auf. Wir müssen ein Gedicht **auswendig** lernen.
d) Der Plan ist richtig schlau. Aber wir sollten ihn besser **geheim** halten.
e) Was du vorhast, ist nicht einfach. Ich hoffe, dass alles **reibungslos** klappt.
f) Wir fahren nach England? Das glaube ich nicht! Ob der Lehrer das wirklich **ernst** meint?
g) Ihr habt aber **langsam** gearbeitet! Warum seid ihr nicht fertig?

Aufgabe 28

a) Es ist schon spät. Müssen wir nicht noch **einkaufen** gehen?
b) Warum redest du immer dazwischen? Kannst du mich nicht **ausreden** lassen?
c) Es ist so unordentlich, dass wir wohl mal wieder **aufräumen** müssen.
d) Meinetwegen brauchst du nicht aufzustehen. Du kannst **sitzen** bleiben.
e) Unsere Eltern sind noch müde. Wir sollten sie **schlafen** lassen.
f) Das Wetter ist gut. Wollen wir nicht **spazieren** gehen?

Aufgabe 29

Schreibst du manchmal ab? – Eine Umfrage

Fast alle Schüler in unserer Schule haben schon einmal abgeschrieben. Das habe ich durch eine Umfrage herausgefunden. Insgesamt habe ich 20 Schüler befragt.

Und so sieht das Ergebnis aus: 12 Schüler sagten, dass sie regelmäßig bei Klassenarbeiten abschreiben. Sechs Schüler sagten, dass sie manchmal abschreiben, und ein Schüler sagte, dass er nur selten abschreibt. Nur ein einziger Schüler behauptet, dass er noch nie abgeschrieben hat.

Die Gründe für das Abschreiben sind unterschiedlich. Fast alle Schüler (17!) schreiben ab, weil sie gute Noten bekommen wollen. Einige (6) haben zugegeben, dass sie abschreiben, wenn sie faul gewesen sind. Bei einigen (4) spielt auch Angst eine Rolle. Nur ein einziger Schüler sagte, dass er immer dann abschreibt, wenn er nichts verstanden hat.

Von allen Schülern findet es nur einer falsch, wenn man bei Klassenarbeiten abschreibt. Das ist der Schüler, der behauptet, er habe noch nie abgeschrieben. (Er meint, dann würde man nichts lernen.) Alle anderen Schüler finden es verständlich, dass man hin und wieder abschreibt. Das ist aber auch kein Wunder, wenn man bedenkt, dass fast alle Schüler sagen, sie hätten schon einmal abgeschrieben!

Kapitel 6: Ein ganz einfacher Trick

Aufgabe 1 Es handelt sich um eine **einmalige Nachmittagsvorstellung.**
Es gibt **ermäßigte Preise.**
Der Zirkus Roncalli ist ein **ganz besonderer Zirkus.**

Aufgabe 2
a) Am nächsten Tag wird in der Schule **eine Mathearbeit geschrieben.**
b) Die letzte Mathearbeit **war schlecht.**
c) Die nächste Mathearbeit soll **besser werden.**

Aufgabe 3 **„Ich geb dir Marion“, sagte meine Mutter …** (Zeile 23)
(Marion ist ein Mädchenname.)

Aufgabe 4
a) Sie **darf nicht** in den Zirkus gehen.
b) Sie **soll** für die Mathearbeit üben.

Aufgabe 5
- [x] Die letzte Arbeit war eher eine Ausnahme.
- [ ] Das Mädchen schreibt ständig schlechte Arbeiten.

Aufgabe 6
a) Sie will ihrer Mutter sagen, dass sie zu **ihrer Freundin Evi geht.**
b) Evi soll sagen, dass sie zu **Marion geht.**
c) In Wirklichkeit will sie mit **Evi in den Zirkus gehen.**

Aufgabe 7
- [ ] Ja, sie will auf jeden Fall für die Mathearbeit üben.
- [x] Sie will auch für die Mathearbeit üben.
- [ ] Sie ist sich nicht sicher, ob sie für die Mathearbeit üben wird.
- [ ] Nein, sie will nicht für die Mathearbeit üben.

Aufgabe 8
a) Marions Freundin Evi ruft an.
b) Marions Mutter spricht mit der Anruferin.
c)

Darf Marion zu mir kommen? Ich möchte mit ihr für die Mathearbeit üben. Das geht bei mir am besten. Ich habe nämlich in meinen Heften die richtigen Lösungen.

Aufgabe 9

☐ Ja, er unterscheidet sich.
☒ Nein, er unterscheidet sich nicht.
Begründung: Sie sagt, dass sie mit Marion zusammen für die Mathearbeit üben will. In Wirklichkeit will sie aber mit ihr in den Zirkus gehen.

Aufgabe 10

☐ Ja, Marion weiß genau, was Evi plant.
☒ Nein, sie weiß nicht, was Evi plant.

Textstelle: „Hat doch prima geklappt", sagte sie, und **als ich ein bisschen blöd glotzte,** zeigte sie auf ihren Bücherpacken. (Zeile 35 f.)

Aufgabe 11

a) Marions Mutter glaubt, dass ihre Tochter **bei Evi ist.**
b) Evis Mutter glaubt, dass ihre Tochter **bei Marion ist.**
c) Marion und Evi gehen **in den Zirkus.**

Aufgabe 12

Marions Mutter trifft **Evis Mutter.**

Aufgabe 13

a) Den Vornamen und den Nachnamen erfährt man von: **Evi (Nachname: Schröder).**
b) Nur den Vornamen, aber nicht den Nachnamen erfährt man von: **Marion.**
c) Nur den Nachnamen erfährt man von: **Evis Mutter (Frau Schröder).**
d) Keinen Namen erfährt man von: **Marions Mutter.**

Aufgabe 14

Dafür spricht, dass **sie eine gute Note bekommen hat.**
Dagegen spricht, dass **sie im Zirkus war und dass die Zirkusvorstellung lange gedauert hat.**

Aufgabe 15

Sie begreift nach und nach, dass ihre Mutter **weiß, dass sie mit Evi im Zirkus war.** Sie ist deswegen **aufgeregt.**

Aufgabe 16

☒ Marion lügt ihre Mutter an
☒ Marions Mutter lügt ihre Tochter an.
☒ Evi lügt Marions Mutter an.
☒ Evi lügt ihre Mutter an.

Aufgabe 17

Ich hätte gerne mehr Freizeit. Aber ich muss täglich Hausaufgaben erledigen.
Ich hätte gerne schönere Haare. Aber meine Haare sind ziemlich dünn.
Ich hätte gerne einen Hund. Aber in einer Etagenwohnung ist das nicht gut.
Ich hätte gerne einen großen Bruder. Aber mein Bruder ist jünger als ich.

Ich hätte gerne eine gute Note in Englisch. Aber leider ist meine Note schlecht.
Ich hätte gerne ein großes Aquarium. Aber unsere Wohnung ist zu klein dafür.
Ich hätte gerne einen eigenen Fernseher. Aber meine Eltern erlauben das nicht.
Ich hätte gerne schon den Führerschein. Aber dafür bin ich noch zu jung.
Ich hätte gerne mehr Markenkleidung. Aber die ist zu teuer.
Ich hätte gerne einen neuen Rucksack. Aber den bekomme ich jetzt nicht.

Aufgabe 18 **Vielleicht beim nächsten Mal …**

Mirko sitzt beim Friseur. **Er möchte seine Frisur ändern. Er hätte nämlich gerne so eine Frisur wie Bodo. Und das würde er dem Friseur gerne sagen.** Aber er traut sich nicht. Bodos Haare sind an den Seiten ziemlich kurz geschnitten. Auf dem Oberkopf sind sie ein bisschen länger. Außerdem hat er ein paar hellblonde Strähnen. Gel verwendet er natürlich auch. Deshalb glänzen seine Haare. Außerdem stehen sie frech nach oben. Das sieht aus wie bei einem Igel. Mirko findet Bodos Frisur irgendwie cool. **Wenn seine Eltern doch bloß nicht solche Spießer wären! Aber sie würden es ihm nie und nimmer erlauben, dass er mit so einer Frisur herumliefe. Er könnte sie natürlich vor vollendete Tatsachen stellen. Aber das wäre wohl auch nicht ratsam. Dann gäbe es bloß Ärger.** „Wie soll's denn sein?", fragt der Friseur. „Wie immer", sagt Mirko.

Aufgabe 19

a) Ich **werde sagen,** dass ich zu Evi gehe, um für die Mathearbeit zu üben.
b) Meine Mutter **wird** mir das **erlauben,** weil sie möchte, dass ich eine gute Mathearbeit schreibe.
c) In Wirklichkeit **werde** ich mit Evi in den Zirkus **gehen.**
d) Nach dem Zirkus **werden** wir aber doch noch ein bisschen **üben.**
e) Dann **werde** ich meinen Spaß **haben.**
f) Und die Mathearbeit **wird** bestimmt trotzdem gut **ausfallen.**

Aufgabe 20

a) Marion hatte ein schlechtes Gewissen. Sie hatte nicht **viel** für die Mathearbeit geübt.
b) Ihre Mutter wollte, dass sie Mathe übte; da duldete sie keinen **Wider**spruch.
c) Sie **war** nicht damit einverstanden, dass ihre Tochter in den Zirkus ging.
d) Warum **seid** ihr so laut? Könnt ihr euch nicht leiser unterhalten?
e) Es ist **wahr**, dass einige Schüler bei Klassenarbeiten abschreiben.
f) Meine Tante **fiel** gestern beim Fensterputzen von der Leiter. Jetzt liegt sie mit gebrochenem Bein im Krankenhaus.
g) Du solltest dich beeilen. Dein Freund wartet schon **seit** einer halben Stunde auf dich.

Aufgabe 21

a) Der letzte Bahnhof: **Endbahnhof**
b) Die Silbe ganz am Ende: **Endsilbe**
c) Die letzte Summe: **Endsumme**
d) Der Erfolg am Ende: **Enderfolg**
e) Die letzte Haltestelle: **Endhaltestelle**
f) Der letzte Kampf: **Endkampf**
g) Die Station ganz am Ende: **Endstation**
h) Das letzte Ergebnis: **Endergebnis**

Aufgabe 22

a) Marion sollte nicht in den Zirkus gehen. Die **Ent**scheidung ihrer Mutter war **end**gültig.
b) Wirst du dir am Samstag im Fernsehen das **End**spiel ansehen?
c) Kolumbus dachte, er hätte Indien **ent**deckt. Aber er war in Amerika gelandet.
d) Kommst du mit auf den Ausflug? Hast du dich schon **ent**schieden?
e) Als Irina die schlechte Nachricht hörte, war sie **ent**setzt.
f) Wollt ihr an dem Ausflug teilnehmen oder nicht? Ihr müsst euch langsam mal **ent**scheiden.
g) Mein Vater hat aufgehört zu rauchen. Ich hoffe, sein **Ent**schluss ist **end**gültig.
h) Wenn man einen Fehler gemacht hat, sollte man sich **ent**schuldigen.
i) Da kommst du ja **end**lich! Das wird aber auch Zeit.

Aufgabe 23

Ich wäre gern ein Superstar

Wenn ich ein Superstar wäre, dann wäre ich berühmt. Ich hätte viel Geld, und meine Fans würden mir viele Briefe schicken, um mich um ein Autogramm zu bitten. Ich würde in einer Villa leben und hätte einen Sportwagen mit Chauffeur. Häufig würde ich auch mit dem Flugzeug durch die Welt jetten.
Aber leider bin ich kein Superstar, sondern nur eine Schülerin (ein Schüler). Solange ich zur Schule gehe, muss ich mit meinem Taschengeld auskommen. Es gibt keine Fans, die mich bewundern, sondern ich habe nur meine Eltern, meine Verwandten und meine Freunde. Mein Leben ist nicht aufregend.
Vielleicht ist das aber doch nicht so schlecht. Wenn ich ein Superstar wäre, dann könnte ich gar nicht mehr unerkannt einkaufen gehen. Es würde immer Leute geben, die mich ansprechen. Überall würden Reporter lauern, um von mir ein Foto zu schießen. Ich hätte gar keine Ruhe mehr. Von meinen Eltern werde ich geliebt, und meine Freunde mögen mich. Das ist wichtiger als berühmt zu sein. Ich glaube, ich bleibe lieber, was ich bin: eine ganz normale Schülerin (ein ganz normaler Schüler).

Kapitel 7: Das Leben der Ritter

Aufgabe 1 Das Wort „Ritter“ bedeutet „Reiter“.

Aufgabe 2
- ☐ Es gab nur zu dieser Zeit Ritter.
- ☐ Auf den Burgen blühten viele Blumen.
- ☒ Die Ritter waren eine wichtige Gruppe in der Gesellschaft geworden.

Aufgabe 3

Hier ist die Gesellschaftsposition des Ritters einzuordnen

Aufgabe 4 Ein Ritter bekam von einem Adligen **ein Stück Land.**
Als Gegenleistung musste er **für ihn Kriegsdienste leisten (oder: in kriegerischen Zeiten für ihn kämpfen).**

Aufgabe 5
a) Um für seinen Herrn Kriegsdienste leisten zu können, brauchte er als Fortbewegungsmittel ein **Pferd.**
b) Um den Feind zu attackieren, brauchte er **Waffen (Schwert, Lanze, Dolch).**
c) Um sich vor feindlichen Hieben zu schützen, brauchte er **eine Rüstung, einen Helm und einen Schild.**

Aufgabe 6
a) Dolch
b) Lanze
c) Schwert

Aufgabe 7

Stufe 1	Der angehende Ritter hieß: **Page** Alter: **7 bis 12 Jahre** Ort der Ausbildung: **die Burg des Vaters** Was er lernen sollte: **Reiten, Schwimmen, Bogenschießen, Faustkampf**
Stufe 2	Der angehende Ritter hieß: **Knappe** Alter: **ab 12 Jahre** Ort der Ausbildung: **die Burg eines anderen Adligen** Was er lernen sollte: **Kriegshandwerk (Umgang mit Pferden, Zweikampf mit Waffen)**

Aufgabe 8 Das war am Tag der **Schwertleite.**

Aufgabe 9

a) Mäßigung, Bescheidenheit (maze)
b) Beständigkeit (staete)
c) Milde (milte)

Aufgabe 10

a) Frauen sollte der Ritter **verehren.**
b) Armen und Kranken sollte der Ritter **helfen.**

Aufgabe 11

- ☐ Alle Ritter waren reich.
- ☒ Einige Ritter waren reich.
- ☐ Kein Ritter war reich.

Aufgabe 12

a) Die Feuerwaffen ermöglichten einen Kampf auf **Distanz.**
b) Die Ritter hatten gelernt, **Mann gegen Mann** zu kämpfen.
c) Deshalb hat die Erfindung der Feuerwaffen dazu geführt, dass die Ritter nach und nach **unwichtig** wurden.

Aufgabe 13

a) gerüstet
b) edel
c) ehrlich
d) ritterlich
e) bürgerlich

Aufgabe 14
a) sich die ersten Sporen verdienen
b) für jemanden eine Lanze brechen
c) jemandem den Fehdehandschuh hinwerfen
d) jemanden aus dem Sattel heben
e) jemandem unter die Arme greifen

Aufgabe 15
a) Du sollst Michael besuchen. **Besuche Michael.**
b) Sie sollen sich bei der Polizei melden. **Melden Sie sich bei der Polizei.**
c) Ihr sollt uns beim Renovieren helfen. **Helft uns beim Renovieren.**
d) Ihr sollt endlich leise sein. **Seid endlich leise!**
e) Du sollst zum Mittagessen gehen. **Geh zum Mittagessen.**
f) Ihr sollt uns fragen. **Fragt uns.**
g) Sie sollen die bestellte Ware abholen. **Holen Sie die bestellte Ware ab.**
h) Du sollst den Ärger vergessen. **Vergiss den Ärger.**
i) Ihr sollt euch wieder vertragen. **Vertragt euch wieder.**

Aufgabe 16

a)	(jemanden) belästigen	→	**Last** (Nomen)
b)	häuslich	→	**Haus** (Nomen)
c)	ändern	→	**anders** (Adjektiv)
d)	bärtig	→	**Bart** (Nomen)
e)	Bäcker	→	**backen** (Verb)
g)	gefärbt	→	**Farbe** (Nomen)
g)	Gefängnis	→	**fangen** (Verb)
h)	Wäsche	→	**waschen** (Verb)
i)	kräftig	→	**Kraft** (Nomen)
j)	quälen	→	**Qual** (Nomen)
k)	Träger	→	**tragen** (Verb)
l)	lächerlich	→	**lachen** (Verb)

Aufgabe 17

Grundwort			Mögliche verwandte Wörter
a)	Herz	→	herzlich, herzhaft, beherzt, halbherzig
b)	Haus	→	häuslich, unbehaust, Haushalt
c)	Herr	→	herrlich, beherrschen, Herrschaft
d)	Hand	→	handlich, behände, händeringend
e)	Rat	→	ratsam, Verräter, raten, beraten
f)	Angst	→	ängstlich, verängstigt, beängstigend
g)	Wunder	→	wunderlich, verwundert, wunderbar
h)	Kampf	→	kämpferisch, kampflos, Kämpfer
i)	Gelächter	→	lächerlich, lachen, lachhaft

Aufgabe 18

Benimmregeln für Ritter

1. Gehe regelmäßig zur Kirche.
2. Wasche dich regelmäßig.
3. Habe dein Pferd im Griff.
4. Sei mutig.
5. Lass Gnade walten: Töte keinen Gegner, der sich unterwirft.
6. Achte die Frauen.
7. Sei nicht verschwenderisch.
8. Hilf Menschen, die in Not sind.
9. Kämpfe gegen Armut an.
10. Sei großzügig.

Du könntest auch noch andere Regeln aufstellen. Wichtig ist, dass du die Befehlsform richtig verwendet hast: Sei ... Lass ... Hilf ...

Kapitel 8: Der Handschuh

Aufgabe 1 Es sind **acht** Strophen.

Aufgabe 2 Am kürzesten ist die Strophe **Nr. 5**. Sie besteht aus **vier** Versen.

Aufgabe 3 Am längsten ist die Strophe **Nr. 3**. Sie besteht aus **16** Versen.

Aufgabe 4
a) König Franz sitzt hier: **ziemlich dicht am Löwenzwinger**
b) Die Großen der Krone, also die Adligen, sitzen hier: **neben dem König**
c) Die Frauen sitzen hier: **eher etwas weiter weg vom Zwinger**

Aufgabe 5
a) Sein Schritt ist **bedächtig.**
b) Er brüllt nicht, sondern ist **stumm.**
c) Er verfällt in ein **langes** Gähnen.

Aufgabe 6
- ☐ Ein Löwe ist nur gefährlich, wenn er hungrig ist. Dieser Löwe wirkt ruhig. Wahrscheinlich hat er gerade gefressen. Deshalb ist er nicht gefährlich.
- ☒ Der Löwe wirkt zwar ganz ruhig. Aber wenn man ihn reizt, kann er schnell gefährlich werden.

Aufgabe 7 Nach dem Löwen betritt ein **Tiger** den Zwinger.

Aufgabe 8
a) **Wild** ist der **Sprung** des Tigers.
b) **Laut** ist das **Brüllen** des Tigers.
c) **Furchtbar** ist der **Reif (Kreis),** den der Tiger mit seinem **Schwanz** schlägt.
d) **Scheu** ist das Verhalten des Tigers gegenüber dem **Löwen.**
e) **Grimmig** ist das **Schnurren** des Tigers.

Aufgabe 9
- ☐ Er wirkt genauso gefährlich wie der Löwe.
- ☒ Er wirkt gefährlicher als der Löwe.
- ☐ Er wirkt weniger gefährlich als der Löwe.

Aufgabe 10 Du solltest diese Worte unterstrichen haben: **mit mutiger Kampfbegier**

Aufgabe 11 Der **Löwe** scheint der „Chef" zu sein, denn als er **sich aufrichtet, werden die anderen still.**

Aufgabe 12 Die Raubkatzen wirken schreckenerregend (auch: gefährlich).

Aufgabe 13
- [ ] etwas gefährlich.
- [ ] sehr gefährlich.
- [x] außerordentlich gefährlich.

Aufgabe 14
- [ ] Dem Fräulein Kunigunde ist der Handschuh aus Versehen hinuntergefallen.
- [x] Das Fräulein Kunigunde hat den Handschuh absichtlich hinuntergeworfen.
- [ ] Man weiß es nicht so genau.

Aufgabe 15 Es heißt, dass sie sich **spottender Weis** an den Ritter wendet. Sie verspottet ihn also damit, indem sie ihn den Handschuh holen lässt. Dahinter steckt eine bestimmte **Absicht.**

Aufgabe 16 Diese Adjektive beziehen sich auf den Ritter: **schnell, fest, keck, gelassen**

Aufgabe 17

mutig +	gefährlich +
verrückt ~ oder +	tollkühn +
aufgeregt –	gehorsam ~
vorsichtig –	bemerkenswert +
feige –	ruhig +
riskant +	lebensmüde ~

Aufgabe 18
a) Einige reagieren mit **Erstaunen.**
b) Einige reagieren mit **Grauen.**

Aufgabe 19 Sie **bewundern** sein Handeln. (Sie loben ihn.)

Aufgabe 20 Er ist wütend. (Das ist wie eine Kampfansage.)

Aufgabe 21
a) König Franz sitzt **vor** dem Löwengarten. ✓
b) Die anderen Adligen sitzen **neben** ihm. ✓
c) Die Damen sitzen **auf** dem Balkon. ✓
d) Ein Löwe tritt **in** den Zwinger. →
e) Ein Tiger läuft **durch** das Tor. →
f) Danach rennen zwei Leoparden **in** den Käfig. →
g) Plötzlich fliegt ein Handschuh **durch** die Luft. →
h) Er fällt **in** den Zwinger. →

Aufgabe 22 a) Du solltest **auf dem** glatten Boden nicht so schnell laufen.
Wo ist meine Uhr? Sie lag doch vorhin noch **auf dem** Tisch.
Dein Zug kommt! Du solltest allmählich **auf den** Bahnsteig gehen.
In der Pause gehen die Schüler **auf den** Schulhof.

b) Der Zug ist voll. Viele Fahrgäste stehen **im** Gang.
Dass man **im** Fahrstuhl nicht rauchen darf, weiß doch jeder.
Kommst du mit **in den** Zirkus?
Die Wohnung ist **im** ersten Stock.

c) Es regnet stark. Lass uns **unter den** Baum gehen.
Am Strand sitzen viele Menschen gern **unter dem** Sonnenschirm.
Unsere Katze hat sich **unter dem (wo?)/unter den(wohin?)** Lastwagen verkrochen.
Achtung! Der Ball rollt **unter den** Schrank!

Aufgabe 23
a) Hast du schon **mit deiner Lehrerin** gesprochen?
b) Theresa hat sich **für die Ferien** viel vorgenommen.
c) Ich habe einen Brief **von meiner Freundin** bekommen.
d) Wir leben schon **seit acht Jahren** in Stuttgart.
e) Wir sind gerade **aus dem Urlaub** zurückgekommen.
f) **Wegen der hohen Benzinpreise** gehen einige Autofahrer öfter zu Fuß.
g) **Für eine gute Note** würden einige Schüler auch ein bisschen mehr üben.
h) **Gegen den Wind** kostet das Radfahren viel Kraft.
i) Kai hat sich **mit seinem besten Freund** gestritten.
j) Wer abgehärtet ist, geht auch **bei schlechtem Wetter** ins Freibad.
k) Abends gehe ich nicht **durch den dunklen Wald.**
l) Die alte Frau wollte das Land nicht **ohne ihre Tochter** verlassen.

Aufgabe 24
a) En**k**el
b) mer**k**en
c) Ja**ck**e
d) Tan**k**er
e) Schne**ck**e
f) Len**k**er
g) Wol**k**e
h) Gestan**k**
i) pa**ck**en
j) verste**ck**en

Aufgabe 25
a) tan**z**en
b) Her**z**
c) verle**tz**en
d) Wal**z**e
e) Schni**tz**el
f) Fun**z**el
g) wi**tz**ig
h) scher**z**en
i) Hi**tz**e
j) Pil**z**

Aufgabe 26

a) nicht gerade laufen, taumeln: **schwanken** (4)
b) das Gegenteil von hell: **dunkel** (2)
c) schweres Kriegsgerät: **Panzer** (3)
d) oberer Teil eines Kochtopfs: **Deckel** (1)
e) eine Uhr, die morgens klingelt: **Wecker** (2)
f) ein anderes Wort für irre: **verrückt** (3)
g) Für ein Geschenk sollte man sich … **bedanken** (1)
h) eine gepolsterte Unterlage, auf der man schläft: **Matratze** (2)
i) sein Auto abstellen: es … **parken** (3)

Lösungswort:

w	u	n	d	e	r	b	a	r

Aufgabe 27

Ein Tagebucheintrag des **Ritters** könnte so aussehen:

Was ich heute erlebt habe, war unglaublich! Das Fräulein Kunigunde hat mich in einer Art und Weise herausgefordert, dass ich dafür fast keine Worte finde. Wir warteten alle vor dem Zwinger im Löwengarten, um dem Kampfspiel zuzusehen. Da warf dieses unverschämte Edelfräulein doch einfach ihren Handschuh mitten unter die Raubkatzen! Und dann forderte sie mich ganz frech auf, ihr den Handschuh zurückzuholen. Das sollte wohl ein Liebesbeweis für sie sein. Bestimmt dachte sie, ich wäre zu feige, um in den Käfig zu gehen. Aber da hatte sie sich getäuscht! Ich ließ mir nichts anmerken, betrat ganz ruhig den Zwinger, griff den Handschuh und ging wieder zurück. Die anderen Zuschauer waren zuerst entsetzt, aber später bewunderten sie mich und lobten meinen Mut. Und das Fräulein Kunigunde guckte mich sogar richtig zärtlich an. Aber jetzt will ich nichts mehr von ihr wissen. Immerhin sollte ich mein Leben aufs Spiel setzen – und wofür? Für ihren Handschuh! Sie sieht ja hübsch aus, aber jetzt habe ich es begriffen: Schönheit allein ist nicht alles. Was ist das für eine grausame Frau! Nein, mit der will ich nichts mehr zu tun haben!

Ein Tagebucheintrag des **Fräuleins Kunigunde** könnte so aussehen:

Wenn ich das, was ich heute getan habe, doch wieder rückgängig machen könnte! Warum hatte ich diese verrückte Idee, meinen Handschuh in den Raubtierkäfig zu werfen? Ich verstehe mich selbst nicht mehr.
Tag für Tag hat mir der Ritter Delorges seine Liebe geschworen. Warum hat mir das bloß nicht gereicht? Warum musste ich diese Mutprobe von ihm fordern? Ich weiß es selbst nicht so recht. Eigentlich war es unverantwortlich. Er hätte sein Leben verlieren können.

Ich glaube, ich wollte den anderen Edelfräulein beweisen, dass Ritter Delorges alles tun würde, um meine Liebe zu gewinnen. Ich wollte wohl ein bisschen mit ihm angeben. Er ist ja auch ein richtiger Held, wenn ich daran denke, wie ruhig er zu den Raubkatzen gegangen ist, um den Handschuh zu holen!
Aber was hat mir das gebracht? Jetzt hat er mich verlassen. Und die Adligen, die alles mit angesehen haben, finden mich grausam. Sie schütteln nur den Kopf und reden schlecht über mich. Wer wird jetzt noch um mich werben? Vielleicht bleibe ich für den Rest meines Lebens allein. Ach, ich wünschte, ich wäre nicht so dumm gewesen!

Kapitel 9: Der Ameisenstaat

Aufgabe 1 Sie können nur in **einer Gemeinschaft** leben.

Aufgabe 2
- ☐ oberhalb der Erde
- ☐ unterhalb der Erde
- ☒ oberhalb und unterhalb der Erde

Aufgabe 3
a) Es gibt Weibchen, die **Flügel** haben.
b) Es gibt **Männchen,** die Flügel haben.
c) Es gibt Weibchen, die keine **Flügel** haben.

Aufgabe 4 Man nennt sie die **Arbeiterinnen.**

Aufgabe 5 Man nennt sie die **Königinnen.**

Aufgabe 6 Das sind die **Königinnen** und die **Männchen.**

Aufgabe 7 Das sind die **Männchen.** Sie sterben, weil sie **ihre Aufgabe erfüllt haben.**

Aufgabe 8 Die **Königin** verliert ihre Flügel. Sie beginnt dann mit **dem Aufbau eines neuen Ameisenstaates.**

Aufgabe 9 Das sind die **Roten Waldameisen.**
Sie leben **im Wald.**

Aufgabe 10
- ☐ bis zu einem Meter
- ☒ einen bis zwei Meter
- ☐ über zwei Meter

Aufgabe 11 Bestandteile des Ameisenhaufens sind z. B.:
a) Tannennadeln
b) Zweigstücke
c) Grashalme

Aufgabe 12 Eine Tannennadel wiegt **mehr als** eine Ameise.

Aufgabe 13 Es ist nur **eine** Ameise.

Aufgabe 14 Ein kleiner Zweig wird von **mehreren** Ameisen getragen.

Aufgabe 15 Das geschieht, nachdem **eine Königin befruchtet worden ist.**

Aufgabe 16 In ihrer Jugend hat sie auch das Nest einer anderen Ameisenkönigin überfallen und übernommen.

Aufgabe 17 Das Nest wird bald zu eng.

Aufgabe 18
a) Die Feuerwehr rettete zwei Dackeln das Leben, nachdem die Besitzer der beiden Tiere sie um Hilfe gebeten hatten. (N)
b) Die Hunde waren ihnen davongelaufen, als sie einen Moment lang unachtsam gewesen waren. (G)
c) Sie bekamen gerade noch mit, dass ihre kleinen Lieblinge in einem Hasenbau verschwanden. (G)
d) Bevor sie die Feuerwehr alarmierten, ließen sie aber nichts unversucht, um die Tiere aus dem Hasenbau wieder herauszulocken. (N)
e) Nachdem alle Versuche fehlgeschlagen waren, riefen sie doch bei der Feuerwache an. (N)
f) Ein Feuerwehrmann berichtete, dass sich die Hunde mit dem Halsband an einer Baumwurzel verhakt hatten. (N)
g) Als die Feuerwehr beim Hasenbau angekommen war, mussten die Männer einen etwa 25 Meter langen und 1,50 Meter tiefen Graben ausheben. (N)
h) Die Rettungsaktion dauerte drei Stunden; in dieser Zeit hoben die Männer insgesamt 20 Kubikmeter Erde, Sand und Wurzelwerk aus. (G)
i) Als die Hunde wieder bei ihren Besitzern waren, waren diese überglücklich. (G)

Aufgabe 19
a) Als Robinson Crusoe sein Schiff für eine lange Reise ausgerüstet hatte, stach er 1659 in See.
b) Nachdem er mehrere Tage lang an der Küste Brasiliens entlang **gesteuert** war, trieb **ein heftiger Wirbelsturm das Schiff vom Kurs** ab.
c) Nachdem die Mannschaft sich **in ein Boot gerettet hatte,** gab **Robinson Crusoe das Schiff auf.**
d) Als eine haushohe Welle **das Boot ergriffen hatte, kenterte es.**
e) **Als Robinson auf einer Insel gelandet war, kam er zu sich.**
f) **Nachdem er vergeblich Menschen gesucht hatte, hielt er nach einem Nachtlager Ausschau.**
g) **Als die Dunkelheit überraschend hereingebrochen war, kletterte er auf einen Baum.**

Aufgabe 20

a) Reise: w
b) fleißig: s
c) wissen: s
d) Kiste: s
e) Masern: w
f) Sonne: w
g) Wiese: w
h) Klasse: s
i) Mast: s
j) Füße: s
k) Lösung: w
l) Besen: w
m) essen: s
n) Hose: w
o) Sieger: w
p) hastig: s
q) festlich: s
r) Gasse: s
s) Grüße: s
t) kostbar: s
u) Muster: s
v) Nase: w
w) basteln: s
x) Käse: w

Aufgabe 21

weicher s-Laut	**scharfer s-Laut**
Ameise	Nester
Insekten	regelmäßig
sorgen	Erbmasse
Sommertag	Pflastersteine
gemeinsam	verlassen

Aufgabe 22

a) das Kissen
b) die Masse (eine Menge)
c) die Maße (was gemessen wird)
d) beißen
e) das Messer
f) flüssig
g) der Bissen
h) (für etwas) büßen
i) stoßen
j) messen (z. B. die Länge von etwas)
k) reißen (= zerren, stark ziehen)
l) Nüsse
m) (Blumen) gießen
n) fließen (Wasser)
o) (ich) heiße
p) (etwas) anfassen
q) (etwas) vergessen

Aufgabe 23

s oder ss?	Mein Beweis
lu s tig	?
pu s ten	?
(er) kü ss te (seine Mutter)	küssen
(er) wu ss te (Bescheid)	wissen
(der) La s ter	?
(die) Kno s pe	?
(der) Ka s ten	?
(sie) pa ss ten (auf)	aufpassen
ro s tig	?
(der) Verlu s t	?
Re s t (was übrig geblieben ist)	?

Aufgabe 24

Leserbrief

Stuttgart, den …

Sehr geehrte Redaktion,

wie ich am … (Datum) gelesen habe, machen sich seit einiger Zeit ein paar Jugendliche einen „Spaß“ daraus, im Stadtwald Ameisenhaufen zu zerstören. Um es gleich zu sagen: Das ist ja wohl kein Spaß! Ich bin richtig empört, dass es Jugendliche in meinem Alter gibt, die so verantwortungslos handeln! Haben sie denn in der Schule nichts darüber gelernt, was für wunderbare Bauten solche Ameisenhaufen sind? Wissen sie nicht, wie mühevoll die Arbeiterinnen eines Ameisenstaates Tannennadeln, Zweige und Grashalme zusammentragen, um für sich und die anderen Ameisen ein so kunstvolles Nest zu bauen? Wie kann man nur so gewissenlos sein und solche Wunderwerke der Natur mutwillig zerstören! Im Übrigen stehen die Ameisenhaufen auch unter Naturschutz. Die Ameisen sind im Wald nämlich wie kleine Polizisten: Sie sorgen dafür, dass alles seine Ordnung hat. Zum Beispiel fressen sie tote Insekten oder sie vertilgen andere Schädlinge. Die Jugendlichen, die die Bauten der Ameisen zerstören, machen sich damit sogar strafbar.

Mit freundlichen Grüßen
dein Name

Kapitel 10: Eine Hirtenlegende

Aufgabe 1
- ☐ Er war immer gläubig.
- ☒ Er hat ganz plötzlich zum Glauben gefunden.

Aufgabe 2
Der Hirte konnte nur **an Krücken gehen.**
Plötzlich **konnte er ohne Krücken laufen.**

Aufgabe 3
- ☐ in der heutigen Zeit
- ☐ vor 300 bis 400 Jahren
- ☐ vor mehr als 1 000 Jahren
- ☒ vor gut 2 000 Jahren

Aufgabe 4
Die Legende spielt in der Nacht, als **Jesus Christus geboren wurde.**

Aufgabe 5
Über sein Aussehen erfährt man: Er ist **groß und stark.**
Über seine Gesundheit erfährt man: Er **hinkt (ist gehbehindert).**
Über sein Verhalten erfährt man: Er ist meistens **mürrisch.**

Aufgabe 6
Er braucht **Krücken,** um laufen zu können.

Aufgabe 7
Er hat ihnen gesagt, dass **der Heiland (Jesus Christus) geboren ist.**

Aufgabe 8
- ☐ Er hat nicht gemerkt, dass ein Engel gekommen ist.
- ☒ Er will das, was der Engel sagt, gar nicht hören.
- ☐ Er passt gerade auf, dass das Feuer nicht ausgeht.
- ☐ Er passt auf die Schafe auf.

Aufgabe 9
Sie wollen **das neu geborene Kind finden.**

Aufgabe 10
- ☐ Er kann nicht laufen.
- ☐ Er muss aufpassen, dass das Feuer nicht ausgeht.
- ☐ Einer muss schließlich auf die Schafe aufpassen.
- ☒ Er glaubt nicht an das, was der Engel gesagt hat.
- ☐ Er ist müde.

Aufgabe 11

a) Du musst diese Textstelle unterstrichen haben: **Und wenn es kein Spuk, kein Traum wäre? Wenn es den Engel gab? (Zeile 16)**

b) *Wenn es den Engel doch gibt und wenn es stimmt, dass der Heiland (Jesus Christus) geboren ist, dann sollte ich vielleicht doch besser hingehen. Am besten mache ich mich auf den Weg, wie die anderen auch.*

Aufgabe 12

- ☐ ungefähr eine halbe Stunde
- ☐ ungefähr eine Stunde
- ☐ ungefähr zwei Stunden
- ☒ mehr als zwei Stunden

Aufgabe 13

a) Er kehrt um. **Nr. 6**
b) Er entdeckt viele Fußspuren. **Nr. 1**
c) Er zweifelt daran, dass der Heiland hier geboren worden ist. **Nr. 2**
d) Er entdeckt eine Kuhle im Stroh. **Nr. 4**
e) Er will umkehren. **Nr. 3**
f) Er glaubt doch, dass er den Geburtsort des Heilands gefunden hat. **Nr. 5**

Aufgabe 14

a) Der Hirte hat das Christkind nicht gesehen.
b) Er ist nicht traurig.
c) Es ist ihm nicht wichtig, mit den anderen durch die Straßen zu ziehen.
d) Er glaubt, dass ein Wunder geschehen ist.

Aufgabe 15

Er hat seine Krücken vergessen.

Aufgabe 16

Obwohl er **seine Krücken vergessen hat,** kann er **gehen.**

Aufgabe 17

a) Warum denn?

b)
- ☐ Gott richtet diese Frage an den Hirten.
- ☒ Der Hirte stellt sich diese Frage selbst.
- ☐ Der Erzähler stellt dem Leser diese Frage.
- ☐ Der Erzähler richtet diese Frage an den Hirten.

c) Warum **sollte er denn umkehren, um seine Krücken zu holen, wenn er auch ohne sie laufen konnte?**

Aufgabe 18

a) Obwohl der Hirte **groß und stark war,** konnte er **nur an Krücken gehen.**
b) Als **der Engel die frohe Botschaft verkündete, wandte er sich ab.**
c) **Während die anderen Hirten losgingen, blieb er am Feuer zurück.**
d) **Weil alles so still war, hatte er viel Zeit zum Nachdenken.**
e) **Obwohl er nicht an ein Wunder glaubte, machte er sich doch auf den Weg.**

Aufgabe 19

a) **Er erreichte den Stall erst,** als die Sonne schon aufging.
b) Weil er zu spät kam, **konnte er das Kind nicht mehr sehen.**
c) **Die Fußspuren zeigten ihm aber,** dass er den richtigen Ort gefunden hatte.
d) Obwohl er das Kind nicht mehr sah, **glaubte er plötzlich an das Wunder.**
e) **Er kehrte um,** weil er das Feuer wieder anzünden wollte.
f) **Die anderen Hirten sollten nicht frieren,** wenn sie zurückkehrten.
g) **Nach einer Weile merkte er,** dass er seine Krücken im Stall vergessen hatte.
h) **Er ging nicht mehr zurück,** weil er plötzlich ohne Krücken laufen konnte.

Aufgabe 20

a) Ich weiß, dass es bald Zeugnisse gibt.
b) Es ist bekannt, dass einige Schüler Angst vor den Zeugnissen haben.
c) Meine Freunde hoffen, dass sie das Fußballturnier gewinnen.
d) Meine Mutter hat mir erzählt, dass wir am Sonntag Besuch bekommen.
e) Der Lehrer sagte, dass wir nächste Woche einen Ausflug machen.
f) Ich freue mich, dass es bald Schulferien gibt.
g) Ich habe gehört, dass ein Schüler der Parallelklasse einen Preis im Mathewettbewerb gewonnen hat.
h) Es ist schön, dass ich morgen meine Großeltern besuchen werde.

Aufgabe 21

a) Die Hirten hatten gehört, **dass** der ersehnte Heiland geboren worden war.
b) Sie machten sich auf den Weg. Sie wollten das Kind sehen, **das** in einem Stall liegen sollte.
c) Ein Hirte blieb zurück, denn er glaubte nicht daran, **dass** es dieses Kind gab.
d) Aber plötzlich dachte er, **dass** die frohe Botschaft doch wahr sein könnte.
e) Er ging los und fand tatsächlich in einem Stall ein Nestchen, **das** im Stroh entstanden war.
f) Da wusste er, **dass** der Engel Recht gehabt hatte.
g) Als er zurückging, merkte er, **dass** er seine Krücken vergessen hatte.
h) Überrascht stellte er fest, **dass** er nicht mehr hinkte.
i) Da wusste er, **dass** ein Wunder geschehen war. **Das** hatte er nicht gedacht.

Aufgabe 22 Ein Hirte lebte zusammen mit anderen Hirten auf einem Feld in der **Nähe** einer kleinen Stadt. Er war groß und stark, aber er hinkte und konnte nur mit Krücken **gehen.** Darum saß er meistens am Feuer, um **zuzusehen,** dass es nicht ausging. Als der Engel die **frohe** Botschaft von der Geburt Jesu verkündete, glaubte er nicht daran. Er **lehnte** es ab, sich auf den Weg zum Stall zu machen. **Allmählich** kamen **ihm** aber doch Zweifel, und er fragte sich, ob vielleicht doch ein Wunder **geschehen** war. Da **nahm** er seine Krücken und ging los. Als er den Stall erreichte, war aber niemand **mehr** zu **sehen.** Fast wollte er schon wieder **umkehren.** Aber dann entdeckte er eine kleine **Kuhle** im **Stroh.** Dort hatte das Kind gelegen. Als er zurückging, brauchte er keine Krücken **mehr.**

Wörter mit Dehnungs-h	Wörter mit h am Anfang einer Silbe
lehnte	Nä | he
allmählich	ge | hen
ihm	zuzuse | hen
nahm	fro | he
mehr (2x)	gesche | hen
umkehren	se | hen
Kuhle	
Stroh	

Aufgabe 23

Nach h folgt l	Nach h folgt m	Nach h folgt n	Nach h folgt r
Dohle	berühmt	Bahn	Bahre
Fehler	ihm	Bohne	begehren
Fohlen	lahm	ermahnen	bohren
fühlen	Lehm	Fahne	Ehre
hohl	nehmen	gähnen	ernähren
kahl	Rahm	kühn	fahren
Kehle	Rahmen	Lehne	führen
Kohl	Ruhm	Lohn	Lehrer

Aufgabe 24

Wundersame Heilung

REPORTER: Stimmt es, dass Sie früher behindert waren?
HIRTE: Ja, ich **habe gehinkt und konnte nur an Krücken gehen.**
REPORTER: Seit wann können Sie ohne Krücken gehen?
HIRTE: Seit der Nacht, in der **Jesus geboren wurde.**
REPORTER: Wie war das in dieser Nacht?
HIRTE: Ein Engel **kam zu uns. Er verkündete uns die frohe Botschaft.** Die anderen Hirten **gingen sofort los, um den Stall zu suchen.** Ich aber **blieb beim Feuer sitzen.**
REPORTER: Warum gingen Sie nicht gleich mit?
HIRTE: **Ehrlich gesagt: Ich glaubte nicht daran, dass ein solches Wunder geschehen war.**
REPORTER: Und wie kam es, dass Sie sich doch noch auf den Weg machten?
HIRTE: **Na ja, irgendwann kamen mir doch Zweifel. Ich überlegte, ob an der Sache vielleicht doch etwas dran sein könnte.**
REPORTER: Haben Sie das Christkind in der Krippe gesehen?
HIRTE: **Nein, es war nicht mehr da.**
REPORTER: Woher wussten Sie denn dann, dass es der richtige Stall war?
HIRTE: Da waren **viele Fußspuren. Und es duftete nach fremden Gewürzen.** Und außerdem **entdeckte ich eine Kuhle im Stroh. Da hatte das Kind gelegen.**
REPORTER: Wann merkten Sie, dass Sie plötzlich normal gehen konnten?
HIRTE: **Das war auf dem Rückweg. Ich hatte meine Krücken vergessen und konnte trotzdem gehen.**
REPORTER: Haben Sie eine Erklärung für Ihre Heilung?
HIRTE: Ja, da bin ich mir ganz sicher. **Das war ein Wunder. Bestimmt hat es damit zu tun, dass ich doch noch zum Stall gegangen bin.**
REPORTER: Was sagten denn Ihre Kollegen zu Ihrer Heilung?
HIRTE: **Sie haben gestaunt – aber wie!**
REPORTER: Hat sich Ihr Leben anschließend geändert?
HIRTE: Natürlich! Am wichtigsten ist für mich, dass **ich endlich normal gehen kann, so wie jeder andere auch. Seither ist meine Laune auch besser geworden.**
REPORTER: Vielen Dank für das Gespräch.

Test

Aufgabe 1

- [ ] Sie ärgern sich.
- [x] Sie freuen sich.
- [ ] Sie sind aufgeregt.

Aufgabe 2 Normalerweise ist es so, dass sich **nur wenige** Menschen freuen, wenn draußen ein **heftiger** Wind weht.

Aufgabe 3 Es handelt sich um **die Betreiber von Windkraftanalgen.**

Aufgabe 4 Sie machen **Geld** mit **Wind.**

Aufgabe 5 Perser und Afghanen waren die Pioniere beim Bau von Windkraftanlagen.

Aufgabe 6 Man musste überlegen, woher der Wind **meistens** kam, denn man konnte die Richtung der Windflügel **nicht ändern.** Wenn die Richtung **nicht stimmte,** standen die Windflügel **still.**

Aufgabe 7 Sie nutzten ihre Windmühlen als **Mahlmaschinen.**

Aufgabe 8 Sie konstruierten Windmühlen, bei denen das **Dach beweglich** war. Deshalb konnte das **Dach** der Windmühle gedreht werden, wenn der Wind aus einer anderen **Richtung** kam.

Aufgabe 9 Sie werden mit **einer Pfeffermühle** verglichen.

Aufgabe 10

- [ ] Die Windmühlen arbeiteten nur im Frühling und im Sommer.
- [x] Das war die Zeit, als es die meisten Windmühlen gab.
- [ ] Windmühlen sahen aus wie Blüten in der Landschaft.

Aufgabe 11

1. das Automobil
2. das elektrische Licht
3. die Eisenbahn

Aufgabe 12

1. Kohle
2. Öl
3. Erdgas
4. Wasserkraft

Aufgabe 13 Diese Textstelle musst du unterstrichen haben: **..., die waren wirtschaftlicher und brachten einfach mehr Strom als Windkraft.**

Aufgabe 14
- [x] weniger als 100 Jahre
- [ ] genau 100 Jahre
- [ ] mehr als 100 Jahre

Aufgabe 15 Bei drei dieser neuen Energien handelt es sich um **nicht erneuerbare Rohstoffe.** Beim Verbrennen dieser Rohstoffe werden **Schadstoffe** ausgestoßen.

Aufgabe 16
a) Die neuen Windräder sind **schlanker** als die alten Windräder.
b) Sie sind auch **größer** als die alten Windräder.
c) Aber vor allem sind sie **leistungsstärker.**

Aufgabe 17 Es gibt viele Windkraftanlagen, die dicht beieinanderstehen (wie die Bäume im Wald).

Aufgabe 18
- [ ] aus genau 100 Windkraftanlagen
- [x] aus maximal 100 Windkraftanlagen
- [ ] aus mehr als 100 Windkraftanlagen

Aufgabe 19
- [x] ungefähr 40 Menschen
- [ ] ungefähr 100 Menschen
- [ ] ungefähr 1 000 Menschen

Aufgabe 20
- [ ] ungefähr 400 Menschen
- [x] ungefähr 4 000 Menschen
- [ ] ungefähr 1 000 Menschen

Aufgabe 21
a) Begonnen hatte alles **im 10. Jahrhundert.**
b) Die ersten Windkraftanlagen wurden **bei den Persern und Afghanen** gebaut.
c) **Auf den Dächern der Häuser** waren Windräder befestigt.
d) **Im 17. Jahrhundert** konstruierten die Holländer ihre ersten Windmühlen.
e) Die holländischen Windmühlen hatten **von Anfang an** bewegliche Dächer.
f) Es gab auch **in Deutschland** viele Windmühlen.
g) **Nach Erfindung des Automobils** waren **plötzlich** andere Energien gefragt.
h) **Seit 1980** gibt es wieder Windkraftanlagen.
i) Surrende Windkraftanlagen wachsen **aus grünen Wiesen** empor.
j) Viele Haushalte erhalten ihren Strom **aus Windkraftanlagen.**

Aufgabe 22

a)

Perser und Afghanen	bauten	im 10. Jahrhundert	erste Windkraftanlagen.
S	P	A	O

b)

Sie	fixierten	auf den Dächern der Häuser	ein paar Windflügel.
S	P	A	O

c)

Die Holländer	konstruierten	Windmühlen mit beweglichen Dächern.
S	P	O

d)

Aus diesem Grund	konnten	sie	die Position der Windflügel	verändern.
A	P	S	O	P

e)

Im 20. Jahrhundert	lösten	neue Energien	die Windenergie	ab.
A	P	S	O	P

f)

In der heutigen Zeit	entstehen	viele neue Windkraftanlagen.
A	P	S

Aufgabe 23

a)

Die neuen Energien /	schädigen /	die Umwelt.
S	P	O

b)

Heute /	kann /	ein Windpark /	große Mengen an Strom /	erzeugen.
A	P	S	O	P

c)

Der Strom aus Windenergie /	beliefert /	inzwischen /	viele Haushalte.
S	P	A	O

d)

Dieser Strom /	bringt /	den Betreibern von Windkraftanlagen /	Geld.
S	P	O	O

e)

Bei Wind /	schlägt /	ihr Herz /	höher.
A	P	S	A

Aufgabe 24

a) **Wenn** der Wind aus einer anderen Richtung kommt, steht die Windmühle still.
Oder: Die Windmühle steht still, **wenn** der Wind aus einer anderen Richtung kommt.

b) **Weil** das Dach der Windmühle beweglich ist, kann es jede Änderung der Windrichtung mitmachen.
Oder: Das Dach kann jede Änderung der Windrichtung mitmachen, **weil** es beweglich ist.

c) **Als (weil)** neue Energien gefragt waren, wurde es still um die Windmühlen. Oder: Es wurde still um die Windmühlen, **als (weil)** neue Energien gefragt waren.
d) Es ist erkannt worden, **dass** Kohle, Erdöl und Erdgas auch Nachteile haben. Oder: **Dass** Kohle, Erdöl und Erdgas auch Nachteile haben, ist erkannt worden.
e) **Nachdem (weil, seit)** die Technik der Windkraftanlagen verbessert worden ist, produzieren Windkraftanlagen größere Mengen an Strom.
Oder: Die Windkraftanlagen produzieren größere Mengen an Strom, **nachdem (weil, seit)** die Technik der Windkraftanlagen verbessert worden ist.

Aufgabe 25

a) Nachdem man neue Technologien entwickelt hatte, **wurden die Windmühlen nach und nach aus dem Verkehr gezogen.**
b) **Der Rohstoff Öl verschmutzt aber die Umwelt,** weil er beim Verbrennen Schadstoffe ausstößt.
c) **Man weiß auch genau,** dass die Ölvorräte irgendwann aufgebraucht sind.
d) Da der Rohstoff Öl einmal zu Ende geht, **brauchen wir neue Energien.**
e) Weil das so ist, **arbeiten die Forscher intensiv an der Entwicklung neuer Technologien.**
f) Wenn sie erfolgreich sind, **wird es irgendwann einen Brennstoff aus Pflanzenresten geben.**

Aufgabe 26

Nomen: **Wind, Jahrhundert, Rohstoff, Flügel, Änderung, Freude, Strom**
Verben: **entwickeln, pfeifen, bewegen, verbrennen, fixieren**
Adjektive: **erneuerbar, schlank, neu, grenzenlos, ruhig, still**
Artikel: **ein, das**
Pronomen: **sie, wir**
Präpositionen: **in, auf, vor, bei**
Konjunktionen: **wenn, als**
Adverbien: **plötzlich, irgendwann**

Aufgabe 27

a) Schon vor 1 000 Jahren **hatten** die Perser und Afghanen die ersten Windkraftanlagen **gebaut. Plusquamperfekt**
b) Im 17. Jahrhundert **konstruierten** die Holländer Windmühlen mit drehbaren Rotorblättern. **Präteritum**
c) Gegen Ende des 19. Jahrhunderts **gab** es auch in Deutschland viele Windmühlen. **Präteritum**
d) Irgendwann **nahm** man nach und nach viele Windmühlen aus dem Betrieb. **Präteritum**
e) Heute **entstehen** viele neue Windkraftanlagen auf grünen Wiesen. **Präsens**

f) Sie **liefern** Strom an viele Haushalte. **Präsens**
g) Der Rohstoff Öl **geht** irgendwann zu Ende. **Präsens**
h) Die Forscher **arbeiten** an der Entwicklung neuer Technologien. **Präsens**
i) Eines Tages **wird** es Kraftstoff aus Pflanzenresten **geben. Futur**

Aufgabe 28

a) Perser und Afghanen **waren** die Ersten, die Windmühlen bauten. **Wahr** ist, dass die Holländer die Konstruktion der Windmühlen verbesserten.
b) Als neue Technologien **ent**wickelt worden waren, wurden einige Windmühlen **end**gültig aus dem Betrieb genommen.
c) Windkraftanlagen werden **seit** gut 20 Jahren wieder gebaut. Ihr **seid** vielleicht schon Abnehmer von Ökostrom.
d) Der Strom aus Wind ist jetzt **wieder** gefragt. Dieser Aussage wird niemand **wider**sprechen.
e) Als Betreiber von Windkraftanlagen kann man **viel** Geld verdienen. Das **fiel** einigen Menschen rechtzeitig ein.

Aufgabe 29

Änder[ung], heftig, freundlich, bemühen, leichtfertig, **Begegn[ung], Ärger[nis],** hauptsächlich, **Richt[ung],** leistungsstark, beweglich, **Notwendig[keit],** windig, **Neu[heit],** verstärken, **Beweg[ung],** wirtschaftlich, **Liefer[ung],** berechnen, **Sparsam[keit],** fixieren, ordentlich, **Versäum[nis],** konstruieren, gemeinsam, **Versorg[ung],** überlegen, schlagartig, **Gedächt[nis],** beraten, **Fertigstell[ung], Ereig[nis],** leicht

Aufgabe 30

Wenn man weiß, dass die Ölvorräte einmal aufgebraucht sind, muss man neue Technologien entwickeln. Sonst stehen irgendwann die Räder still und alle Lichter gehen aus. Allerdings müssen die Menschen sich auch darum bemühen, mit der noch vorhandenen Energie sparsamer umzugehen. Um einen Brief zur Post zu bringen, muss man nicht das Auto benutzen. Man kann schließlich zu Fuß zum Briefkasten gehen. Wichtig ist es auch, im Haushalt Geräte zu benutzen, die nicht so viel Strom verbrauchen.

Aufgabe 31

Es kann immer einmal vorkommen**,** dass es in einem Bezirk der Stadt zu einem Stromausfall kommt. Manchmal wird eine Stromleitung verletzt**,** wenn Baugruben ausgebaggert werden. Dann sind alle Haushalte**,** die in diesem Bezirk liegen**,** stundenlang ohne Strom. Wenn spät am Abend in einer Wohnung plötzlich das Licht ausgeht**,** denken die Bewohner dann vielleicht**,** dass eine Sicherung ausgefallen ist. Nach einer Weile werden sie aber sehen**,** dass auch die Nachbarwohnungen ohne Strom sind. Dann wird klar**,** dass die plötzliche Dunkelheit noch eine Weile anhalten wird. Die Betroffenen können sich dann nicht einmal im Fernsehen oder im Radio über die Ursache des Stromausfalls informieren, weil diese Geräte ja auch Strom brauchen. Wenn man über ein batteriebetriebenes Radio verfügt, kann man natürlich noch die Nachrichten hören. Auf jeden Fall muss man jetzt eine Kerze anzünden oder eine Taschenlampe einschalten, wenn man nicht im Dunkeln sitzen will. Falls es nicht zu früh ist, kann man auch einfach schlafen gehen.

Aufgabe 32

Scha**d**stoffe	→	scha**d**en	haupts**ä**chlich	→	Haupts**a**che
Win**d**	→	Win**d**e	leistungsst**ä**rker	→	leistungsst**a**rk
stan**d**	→	stan**d**en	**ä**ndern	→	**a**nders
Wal**d**	→	Wäl**d**er	l**ä**sst	→	l**a**ssen
tausen**d**	→	Tausen**d**e	R**ä**der	→	R**a**d

Aufgabe 33

Beim Verbrennen dieser Rohstoffe entstehen Schadstoffe, … (Das Wort **verbrennen** ist normalerweise ein Verb. Hier ist es aber ein Nomen, weil es einen Artikel als Begleiter hat: **beim** Verbrennen = **bei dem** Verbrennen.)

Aufgabe 34

Ort, Datum

Sehr geehrte Redaktion,

in dem Bericht „Proteste gegen Bau neuer Windkraftanlage“ vom … (Datum) wird gesagt, dass einige Bürger eine neue Windkraftanlage in der Nähe unserer Stadt als „Verschandelung der Landschaft“ ansehen. Dass nicht jeder vom Anblick eines Windparks begeistert ist, kann ich verstehen. Denn wenn viele Windkraftanlagen auf einer grünen Wiese nahe beieinanderstehen, ist das wirklich kein hübscher Anblick.

Aber man darf natürlich nicht vergessen, dass Kohle, Öl und Erdgas beim Verbrennen Schadstoffe ausstoßen. Sie schädigen also unsere Umwelt – und damit auch unsere Gesundheit.

Außerdem handelt es sich um Rohstoffe, die irgendwann einmal aufgebraucht sind. Sollen wir dann im Dunkeln sitzen? Sollen dann alle Räder stillstehen? Das kann ja wohl niemand wollen.

Immerhin nutzen Windkraftanlagen den Wind, um Strom zu erzeugen. Wind wird es immer geben. Solange die Forscher noch keine besseren Technologien entwickelt haben, sollte uns also ein neuer Windpark nicht stören.

Mit freundlichen Grüßen
dein Name

Lege diesen Bewertungsbogen deinen Eltern oder einem guten Freund vor. Bei jedem Kriterium sollen sie entscheiden, ob du es **gut** oder **befriedigend** oder **kaum** bzw. **gar nicht** erfüllt hast.
Anschließend zählst du alle Punkte, die du erreicht hast, zusammen. Das ergibt deine Gesamtbewertung.

Kriterium	gut	befrie-digend	kaum	gar nicht
Du hast die Brieform erfüllt (Anschrift, Datum, Anrede, Schlussgruß).	3	2	1	0
Du hast dich am Anfang auf den Zeitungsartikel bezogen.	3	2	1	0
Du hast gesagt, was du von den Protesten gegen den geplanten Windpark hältst.	3	2	1	0
Du hast deine Meinung ausführlich begründet.	5	3	1,5	0
Dein Text ist ausführlich genug (120–150 Wörter).	3	2	1	0
Dein Leserbrief ist gut zu verstehen; es gibt keine Unklarkeiten.	3	2	1	0
Du hast dich angemessen ausgedrückt (keine Umgangssprache, keine unschönen Wortwiederholungen).	3	2	1	0
Deine Sätze sind vollständig und grammatisch richtig.	3	2	1	0
Du hast nur wenige Fehler bei der Rechtschreibung und Zeichensetzung gemacht.	3	2	1	0
Deine Schrift ist sauber und gut lesbar, und du hast an den Seiten genügend Rand gelassen.	3	2	1	0

Maximale Punktzahl für den Leserbrief: 32 Punkte
erreichte Punktzahl: ______

Fachbegriffe

Adjektiv, Adjektive beschreiben Eigenschaften und Merkmale von Personen, Dingen oder Situationen genauer.
Beispiele: Liane ist sportlich, das Obst ist reif, die hohen Bäume, das schöne Auto

Adverb, S. 11

Adverbial: Ein → Satzglied. Es gibt verschiedene Adverbiale, z. B. des Ortes (Man fragt danach: wo, wohin, woher?) und der Zeit (Man fragt danach: wann, wie lange, wie oft?).
Beispiele: Ich gehe nach Hause. *Wohin gehe ich? Nach Hause.* Ich komme heute Abend. *Wann komme ich? Heute Abend*

Akkusativ: Einer der vier → Kasus (Fälle); es ist der vierte Fall. Man fragt so danach: *Wen (oder was) ...?*
Beispiel: Ich sehe den Zug ... *Wen (oder was) sehe ich?* Ich sehe *den Zug.*

Alphabet: Buchstabenreihe von A/a bis Z/z.

Artikel: Eine → Wortart. Artikel sind Begleiter von Nomen. Es gibt bestimmte und unbestimmte Artikel. Die bestimmten Artikel heißen: *der, die, das.* Die unbestimmten Artikel heißen: *ein, eine.*

Aufforderungssatz: Eine Satzform. Mit einem Aufforderungssatz drückt man aus, dass jemand etwas tun soll. Aufforderungssätze werden mit einem Punkt beendet. Wenn eine Aufforderung sehr dringend gemeint ist, setzt man am Schluss ein Ausrufezeichen.
Beispiele: Sitz endlich still! – Unterstreiche im Text alle Verben.

Ausrufesatz: Eine Satzform. Ausrufesätze sind Sätze, die laut gerufen werden, z. B. weil man sich freut oder sich ärgert. Man beendet sie mit einem Ausrufezeichen.
Beispiele: Das ist aber schön! – Du bist vielleicht ein Schuft! – Ich kann nicht glauben, dass du das gemacht hast!

Aussagesatz: Eine Satzform. Mit einem Aussagesatz sagt man, was ist, was geschieht oder was gemacht wird. Aussagesätze werden mit einem Punkt beendet.
Beispiel: Ich kenne viele Computerspiele. Einige spiele ich mehrmals am Tag.

Befehlsform: (Imperativ), S. 87

Bericht, S. 15

Charakterisierung, S. 41

Dativ: Einer der vier → Kasus (Fälle); es ist der dritte Fall. Man fragt so danach: *Wem (oder was) ...?*
Beispiel: Der Vater hilft seinem Sohn. *Wem hilft der Vater?* Er hilft *seinem Sohn.*

Definition, S. 29

Dehnungs-h, S. 124

Doppelkonsonant: Zwei gleiche → Konsonanten hintereinander. Sie klingen aber wie ein einziger Konsonant. Meist steht ein Doppelkonsonant zwischen zwei → Silben; dann trennt man den Doppelkonsonanten in der Mitte (Mut-ter). Vor einem Doppelkonsonanten klingt der → Vokal immer kurz.
Beispiele: Himmel, Mutter, Kette, Wasser

Fragepronomen: Eine → Wortart. Viele → Fragesätze werden mit einem Fragepronomen eingeleitet. Dadurch wird klar, wonach gefragt wird. Fragepronomen sind: *wer?, was?, wann?, wo?, wohin?, woher?, warum/weshalb?, wie?* (auch in Kombination mit anderen Wörtern: *wie oft?, wie lange?, wie viel?*).

Fragesatz: Eine Satzform. Mit diesem Satz wird eine Frage gestellt. Mit Fragesätzen, die mit einem → Fragepronomen eingeleitet werden, wird nach etwas ganz Bestimmtem gefragt, z. B. nach einer Person (*wer …?*), nach der Zeit (*wann …?*), nach einem Ort (*wo …?*). Auf Fragen, die nicht mit einem Fragepronomen eingeleitet werden, erwartet man die Antwort *ja* oder *nein*. Alle Fragesätze werden mit einem Fragezeichen beendet.
Beispiele: Wann kommst du denn endlich? – Kommst du heute noch?

Futur, S. 74

Gedicht, S. 93

Genitiv: Einer der vier → Kasus (Fälle); es ist der zweite Fall. Nach dem Genitiv fragt man so: *Wessen …?*
Beispiel: Das ist das Auto meines Vaters. *Wessen Auto ist das? Das Auto meines Vaters.*

Grundwort, S. 88

Hauptsatz: Ein Hauptsatz ist eine Aussage, die ganz allein für sich stehen kann.
Beispiel: Sabine bekam zum Geburtstag einen Gameboy geschenkt.

Hilfsverb: Eine → Wortart. Es gibt zwei Hilfsverben: *sein* und *haben*. Sie werden gebraucht, um bestimmte Tempora (→ Tempus) zu bilden, z. B. für das → Perfekt oder das → Plusquamperfekt.

Imperativ: (Befehlsform), S. 87

Infinitiv: Die Grundform des Verbs. Der Infinitiv endet im Deutschen auf *-en*.
Beispiele: laufen, schweigen, tanzen

Interview, S. 126

Kasus: Fall (bzw. Fälle). Es gibt vier Kasus: → Nominativ, → Genitiv, → Dativ, → Akkusativ. → Nomen, → Artikel, → Adjektive und → Pronomen können in einem bestimmten Kasus stehen. In welchem, das hängt meist vom → Verb oder von der → Präposition ab.
Beispiele: Die Garage ist offen. (*wer oder was?* Nominativ) – Der Dieb bemächtigte sich *der Geldbörse.* (*wessen?* Genitiv) – Der Mann hilft *seiner kranken Schwester.* (*wem?* Dativ) – Niko lädt *viele Freunde* ein. (*wen?* Akkusativ).

Komparativ: Die erste Steigerungsform eines → Adjektivs. Man bildet den Komparativ, indem man die Endung *-er* hinzufügt.
Beispiel: mutig – mutiger. Manchmal muss man dabei den → Umlaut verwenden, z. B. *stark – stärker, alt – älter.*

Kompositum: Ein zusammengesetztes Wort. Man kann zwei oder mehrere Wörter zu einem Wort zusammenfügen. Solche zusammengesetzten Wörter heißen Komposita (Plural).
Beispiel: Der Arzt, der zum Patienten ins Haus kommt, ist der *Hausarzt*.

Konjunktion, S. 50

Konsonant: Mitlaut. Anders als → Vokale können Konsonanten nicht allein gesprochen werden; es klingt immer ein Vokal mit.
Beispiele: b (sprich: be), *h* (sprich: ha), Konsonanten sind: *b, c, d, f, g, h, j, k, l, m, n, p, q, r, s, t, v, w, x, y, z.*

Legende, S. 117

Leserbrief, S. 113

Nachsilbe: → Silbe am Wortende.
Beispiele: Ereign*is*, mut*los*, bedenk*lich*

Nebensatz: Ein Satz, der nur im Zusammenhang mit einem → Hauptsatz sinnvoll ist.
Beispiele: Wenn du kommst, ... (freue ich mich). – *Weil es zu teuer ist, ...* (kann ich mir das Auto nicht leisten). – *Als es in Strömen regnete, ...* (suchten viele Menschen Schutz in einem Laden).

Nomen: Eine → Wortart. Mit Nomen bezeichnet man Personen oder Sachen. Manchmal kann man sich die Sachen, die man mit einem Nomen bezeichnet, nur denken.
Beispiele: Auto, Fenster, Baum, Mann, Ereignis, Freude, Hoffnung

Nominativ: Einer der vier → Kasus (Fälle); es ist der erste Fall. Man fragt so danach: *Wer (oder was) ...?* Das → Subjekt steht immer im Nominativ.
Beispiele: Der Morgen hat gut angefangen. *Wer oder was ...? Der Morgen.* – Tina ist heute zu spät zur Schule gekommen. *Wer? Tina.*

Nominalisierung, S. 37

Objekt: Ein → Satzglied. Das Objekt ist gewissermaßen das „Opfer" einer Handlung.
Beispiel: Martin küsst *seine Freundin*. Das Objekt („Opfer") ist hier: seine Freundin.

Partizip Perfekt: Die dritte Form eines → Verbs (sagen, sagte, *gesagt*). Das Partizip Perfekt wird gebraucht für die → Tempora → Perfekt und → Plusquamperfekt
Beispiele: Ihr habt *gesehen*. – Sie hatten *gefragt*.

Perfekt: Eine Zeitform (→ Tempus) des → Verbs. Man könnte das Perfekt als „vollendete Gegenwart" bezeichnen (*perfekt* bedeutet: *fertig, erledigt*). Im Perfekt stehen Aussagen über Handlungen, die schon abgeschlossen sind. In der mündlichen Sprache werden oft alle Handlungen, die in der Vergangenheit geschehen sind, im Perfekt ausgedrückt. Das Perfekt wird mit den → Hilfsverben *sein* oder *haben* und mit der dritten Form des Verbs, dem → Partizip Perfekt gebildet.
Beispiele: Sie *hat gesagt*. – Wir *sind gekommen*. – Du *bist gewesen*.

Personalpronomen: ich, du, er, sie, es, wir, ihr, sie

Plural: Mehrzahl.
Beispiele: Stühle, Tische, Äpfel, Frauen

Plusquamperfekt: Eine Zeitform (→ Tempus) des Verbs. Man könnte das Plusquamperfekt als „vollendete Vergangenheit" bezeichnen. (Plusquamperfekt bedeutet: *mehr als perfekt*). Es wird gebildet mit dem → Präteritum der → Hilfsverben *sein* oder *haben* und mit dem → Partizip Perfekt.
Beispiele: Ronald *hatte* noch gar nichts *gegessen*, als er zu uns kam. – Nachdem wir im Kino *gewesen waren*, gingen wir zusammen einen Burger essen.

Prädikat: Ein → Satzglied. Mit dem Prädikat wird eine Handlung zum Ausdruck gebracht. Ohne Prädikat gibt es keinen Satz. Weil das Prädikat so wichtig ist, nennt man es auch den *Satzkern*. Das Prädikat besteht immer aus einem (oder mehreren) → Verben. Du kannst so nach dem Prädikat fragen: *Was tut ...?* (oder

auch: *tue, tust, tun* – je nachdem, wer der „Täter" ist).
Beispiele: Die Polizei verfolgt den Einbrecher. *Was tut die Polizei?* Sie *verfolgt* den Einbrecher. – Das Essen schmeckt gut. *Was tut das Essen?* Es *schmeckt* gut.

Präfix: → Vorsilbe, S. 24

Präposition, S. 97

Präsens: Eine Zeitform (→ Tempus) des → Verbs. Sie wird gebildet durch den → Wortstamm des Verbs und die Personalendung. Mit dem Präsens kann eine Handlung ausgedrückt werden, die in der Gegenwart geschieht:
Beispiel: Die Wanne läuft über.

Präteritum: Eine Zeitform (→ Tempus) des → Verbs. Mit dem Präteritum erzählt man von etwas, das in der Vergangenheit geschehen ist. Die meisten Erzählungen sind im Präteritum geschrieben. Wenn ein Verb regelmäßig ist, wird das Präteritum durch Anfügen der Buchstaben *-te* gebildet.
Beispiel: Im letzten Winter schneit*e* es.

Pronomen: Eine → Wortart. Das Pronomen kann stellvertretend für ein Wort oder eine Wortgruppe verwendet werden. Deshalb nennt man Pronomen auch *Fürwörter* (*pro* bedeutet: *für*) Es gibt verschiedene Pronomen, z. B. → Personalpronomen

Reim: Wenn zwei Wörter ähnlich klingen, sagt man, dass sie sich reimen. Reime kommen vor allem in Gedichten vor.
Beispiele: Mutter – Futter, Land – Wand

Sage, S. 5

Satz: Ein Satz ist eine Aussage über eine Sache oder über eine Person. (Das kann auch eine Frage oder eine Aufforderung sein.) Jeder Satz besteht mindestens aus einem → Subjekt und einem → Prädikat. Längere Sätze enthalten außerdem ein → Objekt oder mehrere Objekte oder → Adverbiale
Beispiele: Mein Freund liest. (Subjekt + Prädikat) – *Mein Freund liest ein Buch.* (Subjekt + Prädikat + Objekt) – *Seit Wochen liest mein Freund ein Buch.* (Adverbiale Bestimmung + Prädikat + Subjekt + Objekt)

Satzgefüge: Wenn ein → Hauptsatz und ein → Nebensatz miteinander verbunden sind, bilden sie ein Satzgefüge. Der Nebensatz kann vor oder nach dem Hauptsatz stehen.
Beispiele: Als ich nach Hause kam (Nebensatz), *läutete das Telefon* (Hauptsatz).
Du solltest Bescheid sagen (Hauptsatz), *wenn du fertig bist* (Nebensatz).

Satzglied: Teil (Glied) eines → Satzes. Es gibt vier Arten von Satzgliedern: → Subjekt, → Prädikat, → Objekt, → Adverbial.

Silbe: Teil eines Wortes. Man kann bei jeder Silbe einmal klatschen.
Beispiele: Ba-na-ne, wun-der-bar, ver-reisen, Ge-gen-satz

Singular: Einzahl.
Beispiele: Tisch, Mann, Auto

Strophe: Ein Absatz in einem → Gedicht

Subjekt: Ein → Satzglied. Das Subjekt sagt, von wem (oder was) in einem Satz die Rede ist. Dabei handelt es sich meist um den „Täter", also um denjenigen, der etwas tut. „Täter" kann auch eine Sache sein. Das Subjekt steht immer im → Nominativ. Man fragt nach dem Subjekt so: *Wer (oder was) …?*

Beispiele: Gestern kam mein Onkel aus Amerika. – *Wer kam gestern aus Amerika? Mein Onkel.* – Der Ball rollt. *Wer (oder was) rollt? Der Ball.*

Suffix: → Nachsilbe

Superlativ: Die zweite Steigerungsform eines → Adjektivs. Man bildet den Superlativ, indem man die Endung -st (+ -e/ -er …) hinzufügt.
Beispiele: bitter – bitterste, dick – dickste traurig – traurigste

Tagebuch, S. 101

Tempus: Zeitform des → Verbs. Dadurch kann ausgedrückt werden, wann etwas geschieht: in der Gegenwart (→ Präsens), in der Vergangenheit (→ Präteritum, → Perfekt, → Plusquamperfekt) oder in der Zukunft (→ Futur).

Umfrage, S. 66

Umlaut: Umlaute sind → Vokale, über denen Punkte stehen. Umlaute sind: ä, ö, ü.

Verb: Eine → Wortart. Verben drücken aus, was eine Person (eine Sache) tut.
Beispiele: sprechen, singen, lachen

Vers: Eine Zeile in einem → Gedicht.

Vokal: Selbstlaut. Vokale klingen ganz allein; sie brauchen keinen weiteren Laut, um gesprochen werden zu können. Es gibt fünf Vokale: *a, e, i, o, u*.

Vorsilbe: → Silbe am Wortanfang (auch Präfix).
*Beispiele: be*achten, *ver*schweigen, *ge*fährlich, *miss*trauen

Wortart: Es gibt verschiedene Arten von Wörtern. Wortarten sind z. B. → Nomen, → Verben, → Adjektive, → Artikel, → Pronomen, → Konjunktionen, → Präpositionen.

Wortfamilie, S. 88

Wortstamm: Der Kern eines Wortes. Du findest den Wortstamm, indem du vom Infinitiv des zugehörigen Verbs die Endung *-en* entfernst.
Beispiel: fahren → *fahr-*
Der Wortstamm steckt in vielen → Substantiven und → Adjektiven, die zur gleichen → Wortfamilie gehören. Der Wortstamm *fahr-* steckt z. B. in diesen Wörtern: *befahrbar, Fahrzeug, gefährlich, Gefährte, Einfahrt*. Wenn du den Wortstamm kennst, kannst du Rechtschreibfehler vermeiden, denn der Wortstamm bleibt in allen Wörtern erhalten.

Wörtliche Rede: Damit schreibt man Wort für Wort, was jemand gesprochen hat. Dies wird in Anführungszeichen gesetzt. Um deutlich zu machen, wer die Worte gesprochen hat, fügt man einen Begleitsatz hinzu.
Beispiel: Eva sagte: „Ich habe dich gern.“

Text- und Bildnachweis

Texte

S. 3: Aus: Die Kinder zu Hameln. In: Hans-Jörg Uther: Deutscher Sagenschatz (Sonderausgabe), Heinrich Hugendubel Verlag, Kreuzlingen/München 2000, S. 54. (leicht geändert)

S. 17: Tahar Ben Jelloun: Papa, was ist ein Fremder? Gespräch mit meiner Tochter. Rowohlt Verlag, Reinbek bei Hamburg 1999, S. 9–13 (leicht gekürzt und an einigen Stellen etwas verändert)

S. 29: Gudrun Pausewang: Ich kann mehr als nur dreinschlagen! In: Reiner Engelmann (Hrsg.): Tatort Klassenzimmer. Texte gegen Gewalt in der Schule, Arena Verlag, Würzburg 1995, S. 144 ff.

S. 41: Sybil Gräfin Schönfeldt: Knigge für die nächste Generation. Rowohlt Verlag, Reinbek bei Hamburg 2000, S. 35–38. (gekürzt und verändert)

S. 53: Erich Kästner: Gustav hat abgeschrieben. In: Ders.: Interview mit dem Weihnachtsmann. Kindergeschichten für Erwachsene, Carl Hanser Verlag, München/Wien 1998, S. 1–94.

S. 67: Silke Senftleben: Ein ganz einfacher Trick. In: Dieter Mayer/Fritz Winterling (Hrsg.): Lesebuch 6, Diesterweg Verlag, Frankfurt am Main 1990, 2. Auflage, S. 56–58.

S. 91: Friedrich Schiller: Der Handschuh. In: Hans Fromm: Hausbuch deutscher Balladen, Rowohlt Taschenbuch Verlag, Reinbek bei Hamburg 1978, S. 95 ff.

S. 115: Max Bollinger: Hirtenlegende. In: Hans-Joachim Gelberg (Hrsg.): Geh und spiel mit dem Riesen. Erstes Jahrbuch der Kinderliteratur, Beltz und Gelberg, Weinheim 1971, S. 62.

S. 129: Rainer Schulheis: DonnerWetter! Rowohlt Verlag, Reinbek bei Hamburg 2003, S. 37–40. (gekürzt)

Bilder

Umschlagbild und alle weiteren Illustrationen: Friederike Großekettler
cinetext: S. 77
© Otto Versand Hamburg: S. 42 (rechts)
Photocase.com: S. 73, 104 (links)
www.dreamstime.com: S. 70 (Galina Barskaya)
www.sxc.hu: S. 42 (links und Mitte), 74, 104 (rechts), 107
www.visipix.com: S. 81, 86, 89, 96, 101, 175

Notizen

Notizen

Ihre Meinung ist uns wichtig!

Ihre Anregungen sind uns immer willkommen. Bitte informieren Sie uns mit diesem Schein über Ihre Verbesserungsvorschläge!

Titel-Nr.	Seite	Vorschlag

Bitte hier abtrennen

16-VTX

Bitte ausfüllen und im frankierten Umschlag an uns einsenden. Für Fensterkuverts geeignet.

Zutreffendes bitte ankreuzen!

Die Absenderin/der Absender ist:

- ☐ Lehrer/in in den Klassenstufen: ______
- ☐ Fachbetreuer/in
  Fächer: ______
- ☐ Seminarlehrer/in
  Fächer: ______
- ☐ Regierungsfachberater/in
  Fächer: ______
- ☐ Oberstufenbetreuer/in
- ☐ Schulleiter/in
- ☐ Referendar/in, Termin 2. Staatsexamen: ______
- ☐ Leiter/in Lehrerbibliothek
- ☐ Leiter/in Schülerbibliothek
- ☐ Sekretariat
- ☐ Elternteil
- ☐ Schüler/in, Klasse: ______
- ☐ Sonstiges: ______

Unterrichtsfächer: (Bei Lehrkräften!)

______

STARK Verlag
Postfach 1852
85318 Freising

Kennen Sie Ihre Kundennummer?
Bitte hier eintragen.

Absender (Bitte in Druckbuchstaben!)

Name/Vorname

Straße/Nr.

PLZ/Ort

Telefon privat | Geburtsjahr

E-Mail-Adresse

Schule/Schulstempel (Bitte immer angeben!)

Bitte hier abtrennen

Sicher durch alle Klassen!

Faktenwissen und praxisgerechte Übungen mit vollständigen Lösungen.

Mathematik

Geometrie Grundwissen 9. Klasse
Mit klar gegliederten Merkkästen, Beispielen sowie vielseitigen Übungen. Die Lösungswege dazu sind im Lösungsteil Schritt für Schritt aufgeführt. Am Schluss des Bandes finden die Schüler anspruchsvolle und prüfungsrelevante Aufgaben.
■ .... Best.-Nr. 93404

Geometrie Grundwissen 8. Klasse
Wichtige Begriffe werden anhand von anschaulichen Beispielaufgaben erläutert. Die Übungsaufgaben sind nach steigendem Schwierigkeitsgrad angeordnet. Mit leicht nachvollziehbaren Lösungen.
■ .... Best.-Nr. 93403

Geometrie Grundwissen 7. Klasse
Jedes Kapitel beginnt mit der Klärung wichtiger Begriffe, die durch prägnante Beispiele veranschaulicht werden. Abwechslungsreiche Aufgaben dienen der nachhaltigen Übung. Mit schülergerechten Lösungen.
■ .... Best.-Nr. 93402

Algebra Grundwissen 7. Klasse
Klare Darstellung des Algebrastoffs der 7. Klasse zum selbstständigen Lernen. Kompakte Merkkästen und anschauliche Beispielaufgaben dienen der Wiederholung aller Unterrichtsinhalte. Zahlreiche Übungsaufgaben mit ausführlichen und leicht nachvollziehbaren Lösungen ermöglichen die Festigung und Vertiefung des Gelernten.
■ .... Best.-Nr. 934071

Mathematik Grundwissen 8./9. Klasse – Bayern
Grundrechenarten, Gleichungen, Maße – Umrechnungen, Prozent-, Promille- und Zinsrechnung, Bewegungsaufgaben, Zuordnungen, Geometrie.
■ .... Best.-Nr. 93401

Mathematik 7. – 9. Klasse – Baden-Württemberg
Schlussrechnung, Grundrechenarten, Prozentrechnung, Größenumrechnungen, Zinsrechnung, Maßstab, Mittelwerte, Gleichungen, Sachaufgaben.
■ .... Best.-Nr. 83401

Mathematik Grundwissen 6. Klasse
(Dezimal-)Brüche, Winkel, Symmetrie, Flächen, Körper und Volumen, Gleichungen, Größen wie Gewichte, Längen und Hohlmaße. Am Schluss eine Übersicht über wichtige Formeln und Rechenregeln.
■ .... Best.-Nr. 93405

Übertritt in weiterführende Schulen 4. Klasse
■ .... Best.-Nr. 990404

Arbeit/Wirtschaft/Technik

Arbeit/Wirtschaft/Technik
Grundwissen für den Quali Bayern
■ .... Best.-Nr. 93485

Geschichte/Sozialkunde/Erdkunde

Geschichte/Sozialkunde/Erdkunde
Grundwissen für den Quali Bayern
■ .... Best.-Nr. 93480

Ratgeber für Schüler

Richtig Lernen: Tipps und Lernstrategien 5./6. Klasse
■ .... Best.-Nr. 10481

Richtig Lernen: Tipps und Lernstrategien 7. – 10. Klasse
■ .... Best.-Nr. 10482

Deutsch

Deutsch Grundwissen 10. Klasse
Bietet eine Einführung in die Textbeschreibung und die Erörterung.
■ .... Best.-Nr. 83441

Deutsch – Diktate 9./10. Klasse mit 2 CDs
15 Diktate in verschiedenen Schwierigkeitsgraden. Dazu Hinweise zum Üben von Diktaten.
■ .... Best.-Nr. 93444

Textaufgabe 8.–10. Klasse
Bietet eine schrittweise Einführung und Übungsmaterialien zur Bearbeitung von Textaufgaben.
■ .... Best.-Nr. 93441

Deutsche Rechtschreibung 5.–10. Klasse
Systematisches Trainingsprogramm, das sich an den Fehlerschwerpunkten der deutschen Rechtschreibung, gültig ab dem 1. August 2006, orientiert. Mit abwechslungsreichen Übungen und schülergerechten Lösungen.
■ .... Best.-Nr. 90402

Deutsch Aufsatz 8./9. Klasse
Enthält Übungen zu wichtigen Aufsatzformen der Endklassen der Hauptschule.
■ .... Best.-Nr. 83440

Deutsch Grundwissen 7. Klasse
Ermöglicht eigenständiges Wiederholen und Vertiefen in den Bereichen „Den Text verstehen", „Sprache untersuchen", „Richtig schreiben", „Sich schriftlich äußern" und „Textsorten kennen".
■ .... Best.-Nr. 93447

Deutsch Grundwissen 6. Klasse
Umfangreiches Training zur Festigung wichtiger Strategien und Kompetenzen in allen Bereichen des Deutschunterrichts in der 6. Klasse.
■ .... Best.-Nr. 93446

Deutsch Grundwissen 5. Klasse
Abwechslungsreiche Übungen und übersichtliche Zusammenfassungen wichtiger Inhalte zum Wiederholen und Üben des Stoffes der 5. Klasse.
■ .... Best.-Nr. 93445

Deutsch – Übertritt in weiterführende Schulen mit CD
■ .... Best.-Nr. 994402

Lexikon zur Kinder- und Jugendliteratur
■ .... Best.-Nr. 93443

Englisch

Kompakt-Wissen Hauptschule
Englisch – Themenwortschatz
Die Auswahl der Vokabeln ist speziell auf die Bedürfnisse von Hauptschülern zugeschnitten und somit ist das Buch eine ideale Grundlage zur Vorbereitung auf Prüfungen, aber auch hilfreich, um systematisch den englischen Wortschatz zu erweitern oder Vokabelkenntnisse zu vertiefen.
■ .... Best.-Nr. 934501

Englisch – Hörverstehen 9. Klasse mit CD
Ideal zur gezielten Vorbereitung auf den Hörverstehensteil des Hauptschulabschlusses.
■ .... Best.-Nr. 93452

Englisch Grundwissen 9. Klasse
Das Grundwissens für die 9. Klasse Hauptschule in übersichtlicher und verständlicher Form.
■ .... Best.-Nr. 93451

(Bitte blättern Sie um)